BASIC

für die Sekundarstufe I

Von Manfred Vogler
und Jürgen Vogler

Verlag Moritz Diesterweg
Frankfurt am Main · Berlin · München

Zum vorliegenden Lehrbuch ist ein Lehrerheft (Best.-Nr. 308) erschienen

ISBN 3-425-03578-9

© 1985 Verlag Moritz Diesterweg GmbH & Co., Frankfurt am Main.
Alle Rechte vorbehalten. Die Vervielfältigung auch einzelner Teile, Texte oder Bilder – mit Ausnahme der in §§ 53, 54 URG ausdrücklich genannten Sonderfälle – gestattet das Urheberrecht nur, wenn sie mit dem Verlag vorher vereinbart wurde.

Satz: Bibliomania GmbH, Frankfurt am Main
Druck: Wiesbadener Graphische Betriebe, Wiesbaden
Bindearbeiten: Großbuchbinderei Adolf Hiort, Wiesbaden

Inhaltsverzeichnis

Kapitel   Seite

1 Direktbetrieb 5
2 Einfache Programme 7
3 Programme mit Dialog 12
4 Zahlenriesen und -zwerge 16
5 Schleifen 17
6 Bedingte Sprünge 19
7 Stringvariable 25
8 Verknüpfung von Aussagen 28
9 Die FOR-NEXT-Schleife 30
10 Besondere mathematische Funktionen 36
11 Schwierigere Programme aus der Mathematik 41
12 Zufallszahlen 51
13 Tabellen in Programmen 59
14 READ/DATA-Anweisungen 63
15 Unterprogramme 67
16 Sortierprogramme 70
17 Statistik 75
18 Einfache Dateien 79
Verzeichnis der BASIC-Befehle und Programmerläuterungen 86
Verzeichnis ausgewählter Themen 88

Vorwort an den Schüler

Mit Hilfe dieses Buches sollst du lernen, geeignete Probleme (sowohl Aufgaben wie Spiele) klar zu gliedern und so zu programmieren, daß sie durch den Computer leicht und schnell lösbar sind.
Der Computer soll für dich rechnen, Daten sortieren und suchen und manchmal Spielpartner sein.
Kein Computer versteht unser Umgangsdeutsch, sondern nur besondere, für ihn geschaffene Sprachen. Eine solche Computersprache ist BASIC (Beginner's Allpurpose Symbolic Instruction Code). Das Buch ist so aufgebaut, daß du keine Vokabeln lernen mußt. Die einzelnen BASIC-Befehle lernst du ganz von selbst beim Arbeiten am Computer.
Es gibt sehr viele Computer. Leider gibt es auch verschiedene „BASIC-Dialekte". Im Buch werden nur solche Befehle benutzt, die jeder Rechner versteht. In wenigen Sonderfällen wird auf unterschiedliche Möglichkeiten hingewiesen.
Die Programmbeispiele sind auf einem Alphatronic PC mit einer Zeilenbreite von 80 Zeichen entwickelt worden. Auf dem Bildschirm eines Rechners mit geringerer Zeilenbreite verteilt sich evtl. eine Programmzeile auf zwei Zeilen, was aber für den Programmlauf unschädlich ist. Wenn der eigene Rechner die deutschen Umlaute und das „ß" nicht kennen sollte, ist das unerheblich. Dann werden eben ae, oe, ue und ss getippt.
Das Buch soll für alle Computer verwendbar sein. Alle einführenden Texte und Aufgaben beziehen sich daher auf die Arbeit am Bildschirm. Die Möglichkeiten, ein Programm auf Kassette oder Diskette zu speichern sowie ein Programmlisting oder eine Programmlösung auszudrucken, sind stark abhängig vom benutzten Computer und den angeschlossenen Geräten. Wer speichern oder drucken will, muß die Befehle dafür in seinem eigenen Handbuch nachlesen.
Es wäre gut, das Buch von Anfang bis Ende durchzuarbeiten. Wer Teile überspringt, der sucht bei späteren Aufgaben vielleicht einen BASIC-Befehl oder einen bestimmten Inhalt, den er noch nicht kennt.
Mit Hilfe der ausführlichen Stichwortverzeichnisse am Ende des Buches läßt sich jeder BASIC-Befehl, jede wichtige Programmerläuterung und jedes wesentliche Thema schnell finden.
Viel Erfolg und viel Spaß beim Durcharbeiten!

Goslar, im Herbst 1984   Manfred Vogler
                                                             Jürgen Vogler

1 Direktbetrieb

1. Ein Heimwerkermarkt bietet Regalbretter in verschiedenen Größen an. Der Preis hängt vom Flächeninhalt des Brettes ab. Um die Kanten wird ringsum eine Kunststoffolie geklebt, die getrennt berechnet wird.
   Ein Brett ist 1,20 m lang und 0,25 m breit.
   Zunächst muß man den Flächeninhalt F und den Umfang u eines Rechtecks berechnen. Es gilt $F = a \cdot b$ und $u = 2 \cdot (a + b)$, wenn a und b die Seitenlängen des Rechtecks sind.

2. Schalte den Computer ein. Wenn er für die Programmiersprache BASIC aufnahmebereit ist, zeigt er das auf dem Bildschirm an, z. B. durch ,,ok" oder durch ,,ready".
   Tippe ein: 1.2 ∗ .25 =   Dezimalpunkt statt Komma!
   ,,∗" statt Malpunkt!
   Die ,,0" in 0,25 darf entfallen!
   Der Computer zeigt kein Ergebnis an. Das hat zwei Gründe. Erstens bewirkt die Taste mit dem Gleichheitszeichen keinen Ausführungsbefehl. Zweitens hat der Rechner keine Anweisung bekommen, etwas anzuzeigen. Merke aber, man muß dem Computer jede Kleinigkeit genau mitteilen.

3. Lösche jetzt den Bildschirm, auf den meisten Computern mit dem Befehl SHIFT CLEAR HOME (Shift-Taste und die CLEAR HOME-Taste gleichzeitig drücken!). Starte noch einen Versuch zur Berechnung des Flächeninhalts, nun so:
   PRINT 1.2 ∗ .25   RETURN-Taste drücken! Dadurch erkennt der Computer, daß ein Befehl beendet ist, und nimmt ihn an.
   .3   Hurra, der Computer kann rechnen!
   Der Flächeninhalt beträgt 0,3 m².
   (Die RETURN-Taste entspricht der Zeilenumschaltung auf einer Schreibmaschine. Oft ist sie durch einen ,,Über-Eck-Pfeil" ↵ bezeichnet.)
   Die Berechnung des Umfangs geschieht folgendermaßen:
   PRINT 2 ∗ (1.2 + .25)   RETURN-Taste drücken!
   2.9   Der Umfang beträgt 2,9 m.

4. Es soll $\dfrac{144 + 6^2}{100 - 88}$ berechnet werden. Zeigt dein Computer das richtige Ergebnis 15 an? Um diese Aufgabe lösen zu können, muß man die BASIC-Rechenbefehle kennen:
   Man potenziert (a^b) durch ,,^" bzw. durch ,,↑".
   Man multipliziert $(a \cdot b)$ durch ,,∗".
   Man dividiert $(a : b)$ durch ,, / ".
   Man addiert $(a + b)$ durch ,,+"; man subtrahiert $(a - b)$ durch ,,−".

5. Die ,,Vorfahrtsregeln" sind in der Mathematik und in BASIC gleich:

   Potenzieren vor Punktrechnung (Multiplikation, Division);
   Punktrechnung vor Strichrechnung (Addition, Subtraktion).

   Wenn eine andere Reihenfolge gewünscht ist, so setzt man **Klammern**.

6. Beachte: In BASIC muß jedes Operationszeichen geschrieben werden.
   BASIC kennt keinen Bruchstrich!
   Negative Zahlen erhalten ein Minuszeichen vor dem Betrag!

Beispiele:

Mathematische Schreibweise	BASIC
$2(8 + 2{,}4)$	$2 * (8 + 2.4)$
$\dfrac{100}{16 + 9} = 100 : (16 + 9)$	$100 \,/\, (16 + 9)$
-18	-18

Beachte: Zwischen den Rechenzeichen dürfen die Leerzeichen fehlen.

Aufgaben

1. Übersetze die BASIC-Terme in mathematische Schreibweise.
   a) A * B − C
   b) A − B * C
   c) A / B − C * D + E / F
   d) A * (B + C)
   e) (A − B) / C
   f) (A + B * C) * D − E
   g) A + B * C
   h) (A − B) * C / D
   i) (A − B) * C − D / E

2. Übersetze in BASIC-Terme
   a) $a \cdot b + c : d$
   b) $x \cdot (y + z)$
   c) $(x - y)z$
   d) $(a + b)(c + d)$
   e) $a : (b \cdot c - d)$
   f) $(a + b : c) : d$
   g) $(a - b)(c - d)$
   h) $a^b c$
   i) $a^x : b^y$

3. Berechne folgende Terme. (Vergiß nicht den PRINT-Befehl.)
   a) $25 + 16 \cdot 9$
   b) $(112 + 22{,}5) \cdot 16$
   c) $400 : 8 - 11{,}6 \cdot 3$
   d) $12^3,\ 15^4,\ 25^5$
   e) $\dfrac{1}{2} + \dfrac{1}{3} + \dfrac{1}{4}$
   f) $\dfrac{116 + 96 : 6}{2^6 - 4{,}5 \cdot 4}$

2 Einfache Programme

1. Ein Computer zeigt erst dann, wieviel er leisten kann, wenn er viele Rechnungen durchführen muß.
   In dem Heimwerkermarkt auf Seite 5 müssen oft Flächeninhalt und Umfang von Rechtecken berechnet werden. Es ist immer der gleiche Vorgang:
   1) Gib die Länge a ein.
   2) Gib die Breite b ein.
   3) Berechne den Flächeninhalt $F = a \cdot b$.
   4) Zeige den Flächeninhalt an.
   5) Berechne den Umfang $u = 2 \cdot (a + b)$.
   6) Zeige den Umfang an.
   Dies ist ein einfaches **Programm**, das immer wieder in gleicher Weise abgearbeitet werden muß.

2. In BASIC sieht das Programm so aus:

10 INPUT A	RETURN-Taste am Ende jeder Programmzeile drücken!
20 INPUT B	
30 LET F = A * B	Statt der Großbuchstaben sollten Kleinbuchstaben eingetippt werden, wenn der Rechner das zuläßt!
40 PRINT F	
50 LET U = 2 * (A + B)	
60 PRINT U	
70 END	

   Erklärung: Du findest die obigen Schritte 1) bis 6) wieder. In jedem BASIC-Programm müssen **Zeilennummern** geschrieben werden, damit das Programm in richtiger Reihenfolge abgearbeitet werden kann. Man wählt meistens Zehnerschritte, um später noch Ergänzungen einbauen zu können, falls das nötig ist.
   A, B, F und U sind **Variable** (Platzhalter) für Zahlen.

10 INPUT A	INPUT = Eingabe. Eine Zahl wird eingegeben und im Speicher A abgelegt.
30 LET F = A * B	LET ist ein **Zuweisungsbefehl**. Hier wird das Produkt berechnet und dann der Variablen F zugewiesen und in Speicher F gespeichert.
40 PRINT F	Der Inhalt des Speichers F wird angezeigt.
70 END	Am Ende eines Programms schreibt man „END".

   Zur Kontrolle, ob der Computer dieses Programms nun gespeichert hat, dient der **Steuerbefehl** LIST. Lösche den Bildschirm durch SHIFT CLEAR HOME und tippe dann LIST ohne Zeilennummer, aber mit RETURN! Der Rechner zeigt dir obiges Programm an, übrigens mit Großbuchstaben.

3. Jeder Mensch kann sich irren! Was tut man bei einem Tippfehler? Am sichersten ist es, die Zeile völlig neu zu schreiben. RETURN-Taste nicht vergessen! Dadurch „überschreibt" man die ursprüngliche Zeile. Der Computer ordnet die Zeile auto-

matisch richtig ein. Zur Kontrolle sollte man das korrigierte Programm mit dem Befehl LIST anzeigen lassen.
Soll eine ganze Zeile gelöscht werden, so tippt man die Zeilennummer und drückt danach sofort die RETURN-Taste.

4. Nun soll das Programm aber endlich laufen. Das geschieht durch den Steuerbefehl RUN (ohne Zeilennummer, aber mit RETURN-Taste).
   Probelauf
   RUN
   ? 1.2   Der Computer wartet auf eine Eingabe für A; RETURN-Taste!
   ? .25   Er wartet nun auf eine Eingabe für B; RETURN-Taste!
   .3   Der Rechner zeigt die Maßzahl des Flächeninhalts an.
   2.9   Er zeigt die Maßzahl des Umfangs an.

5. Wiederhole das Programm durch RUN und RETURN-Taste. Gib selbstgewählte Zahlen ein.

6. Es ist übersichtlicher, einen neuen Programmlauf mit einem leeren Bildschirm zu beginnen. Daher empfiehlt es sich, vor jeder neuen Aufgabe SHIFT CLEAR HOME zu betätigen. Das Programm bleibt erhalten. Überprüfe das, indem du das Programm auflistest.

7. In dem Heimwerkermarkt (Seite 5) müssen Preise berechnet werden. Ein Quadratmeter Regalbrett kostet 7,50 DM; für 1 Meter Kunststoffolie werden 2,00 DM berechnet. Man benötigt noch einmal das erste Programm zur Berechnung von Flächeninhalt und Umfang eines Rechtecks.

```
10 INPUT A
20 INPUT B
30 LET F = A * B
40 PRINT F
50 LET U = 2 * (A + B)
60 PRINT U
70 END
```

Die Preisberechnung muß ergänzt werden:
1) Preis für das Regalbrett (Variable R): Flächeninhalt mal Preis pro Quadratmeter;
2) Preis für die Folie (Variable K): Umfang mal Preis pro Meter;
3) Gesamtpreis (Variable G) gleich Summe der Einzelpreise.
Das obige Programm wird um 4 Schritte erweitert:

```
62 LET R = F * 7.5
64 LET K = U * 2
66 LET G = R + K
68 PRINT G
```

Liste das Programm neu und überzeuge dich, daß alle Zeilennummern in richtiger Reihenfolge stehen.
Viele Rechner kennen einen Steuerbefehl für das Umnumerieren (auf englisch renumber). Tippe RENUM ein und liste das Programm erneut. Betrachte die neuen Zeilennummern. (Wenn dein Rechner die alten Zeilennummern noch anzeigt, ist das nicht schlimm.)

8. Ändere das Programm so ab, daß Flächeninhalt und Umfang nicht mehr angezeigt werden, daß aber die beiden Einzelpreise auf dem Bildschirm erscheinen.

9. In den folgenden Aufgaben sind neue Programme zu schreiben. Vorher muß ein altes Programm gelöscht werden. Das geschieht auf den meisten Computern durch den Befehl NEW (ohne Zeilennummer, aber mit RETURN-Taste). Probiere es aus und liste zur Kontrolle. (Wenn es nicht klappt, dann lies im Handbuch für deinen Rechner nach.)

Aufgaben

1. Tippe folgendes Programm ein und lasse es für verschiedene Eingaben für A und B laufen.

   ```
   10 INPUT A
   20 INPUT B
   30 LET SU = A + B
   40 LET DI = A − B
   50 LET PR = A * B
   60 LET QU = A / B
   70 LET PW = A ∧ B        (auf manchen Rechnern A ↑ B)
   80 PRINT SU; DI; PR; QU; PW
   90 END
   ```

   Probelauf für die Zahlen 8 und 4:
   RUN
   ? 8
   ? 4
   12 4 32 2 4096
   Was wird in den Zeilen 30 bis 70 berechnet?
   In Zeile 80 wird der Computer angewiesen, SU, DI, PR; QU und PW <u>nebeneinander</u> anzuzeigen, nicht − wie bisher − untereinander. Die Variablen müssen durch ein <u>Semikolon</u> getrennt werden.
   In Zeile 30 bis 80 erkennt man, daß Variable auch aus 2 Buchstaben bestehen dürfen.
   Erlaubte Variable sind A, B, ..., Z; AA, AB, ..., ZZ; A1, A2, ..., Z9. (Vorsicht! Manche Computer lassen weniger Variable zu, manche auch mehr, z.B. aus mehr als 2 Buchstaben zusammengesetzt. Ausprobieren oder im Handbuch nachlesen!)
   Allerdings dürfen keine BASIC-Worter als Variable benutzt werden; IF ist z.B. nicht als Variable erlaubt.
   Noch eine Anmerkung: Der LET-Befehl darf weggelassen werden. Er ist aber zum besseren Verständnis sinnvoll.
   Lasse das Programm für mehrere selbstgewählte Zahlen laufen.

2. Schreibe je ein Programm:
   Eine eingegebene Zahl soll **a)** um 25 vermehrt werden, **b)** um 36 vermindert werden, **c)** verdreifacht werden, **d)** halbiert werden, **e)** quadriert werden.

3. Schreibe ein Programm zur Berechnung von Flächeninhalt und Umfang eines Quadrates. Berechne Flächeninhalt und Umfang für Quadrate mit den Seitenlängen
a) 12 cm **b)** 45 cm **c)** 5,4 cm **d)** 10,8 cm.

4. Tippe folgendes Programm ein:

```
10 INPUT A
20 INPUT B
30 INPUT C
40 LET V = A * B * C
50 LET O = 2 * (A * B + B * C + A * C)
60 PRINT V
70 PRINT O
80 END
```

a) Was kann mit diesem Programm berechnet werden?
b) Berechne V und O für folgende Eingaben.

a (cm)	24,5	33,6	10,8	9,05	105
b (cm)	18,6	27,4	9,55	7,5	98
c (cm)	12,9	22,9	7,2	5,62	45

5. Ändere das Programm in Aufgabe 4. so, daß nur die Oberfläche des Quaders berechnet und angezeigt wird.

6. a) Ändere das Programm in Aufgabe 5. so ab, daß die Oberfläche eines quadratischen Prismas angezeigt wird (Länge = Breite = a; Höhe = h).
b) Berechne die Oberflächen für folgende Maße:
a = 6,8 m; h = 14 m (a = 8,8 m; h = 9 m; a = h = 13,8 cm).

7. a) Im Januar 1984 kostete 1 l Normalbenzin 1,309 DM. Schreibe ein Programm zur Berechnung der Preise, wenn man die Literzahl eingibt.
b) Wie teuer waren 35 (54; 42,5; 27,8; 32,3; 55,8) Liter?
c) Wie teuer waren die gleichen Mengen Superbenzin, wenn 1 l damals 1,389 DM kostete?

8. Den Mittelwert (den Durchschnitt) m von zwei Zahlen a und b berechnet man wie folgt: $m = (a + b) : 2$.
a) Schreibe ein Programm zur Berechnung des Mittelwerts von 2 Zahlen. (Es sind 2 Eingaben nötig. Dann muß die Berechnung erfolgen. Zum Schluß muß m angezeigt werden.)
b) Berechne den Mittelwert von 8 und 12. Zur Kontrolle solltest du das Ergebnis im Kopf berechnen. Dadurch kann man einen möglichen Fehler im Programm entdecken.
c) Berechne den Mittelwert von 98 und 77 (235 und 189; 45,8 und 51; 12,36 und 15,2; 0,875 und 0,903; −24 und −36; −8,22 und −10,54).

9. Ändere das Programm in Aufgabe 8. so ab, daß man den Mittelwert von 3 Zahlen berechnen kann. Prüfe es an selbstgewählten Beispielen.

10. Ein Geschäft senkt alle Preise um 12%.
    a) Schreibe ein Programm. Der ursprüngliche Preis soll eingegeben werden. Dann sollen die Preissenkung und der neue Preis berechnet und angezeigt werden.
    b) Gib ein: 100 DM (210 DM; 1240 DM; 54,50 DM; 85,75 DM).
    c) Bei der Eingabe 100 DM sollte man im Kopf rechnen! Warum ist diese Eingabe dennoch sinnvoll?

11. Eine Lohnerhöhung wird vereinbart. Der bisherige Monatslohn wird um 4% erhöht.
    a) Schreibe ein Programm, mit dem man nach Eingabe des bisherigen Monatslohnes die Lohnerhöhung und den neuen Lohn berechnen kann.
    b) Gib als bisherigen Monatslohn 1500 DM (1800 DM, 2100 DM, 2400 DM, 2700 DM, 1644 DM) ein.

12. Ändere das Programm in Aufgabe 11. für folgende Vereinbarung.
    a) Der bisherige Lohn wird zunächst um 2,5% und dann noch um 50 DM erhöht.
    b) Berechne Erhöhung und neuen Lohn für die Beträge in Aufgabe 10.

13. Tageszinsen berechnet man nach der Formel
    $z = k \cdot p \cdot t : (100 \cdot 360)$, wenn z die Zinsen, k das Kapital, p den Zinssatz und t die Anzahl der Tage bedeutet.
    a) Schreibe ein Programm zur Berechnung der Tageszinsen.
    b) Teste das Programm an selbstgewählten Beispielen.

3 Programme mit Dialog

1. Auf die meisten Rechnungsbeträge werden 14% Mehrwertsteuer aufgeschlagen (Stand 1984). Die Summe ist der Endbetrag, den der Käufer zahlen muß.

   Beispiel:

Rechnungsbetrag	Mehrwertsteuer	Endbetrag
240 DM	14% von 240 DM = 0,14 · 240 DM = 33,60 DM	273,60 DM

   Gesucht ist ein Programm, das zu vorgegebenem Rechnungsbetrag die Mehrwertsteuer und den Endbetrag berechnet und anzeigt.

   ```
   10 INPUT R
   20 LET M = R * .14
   30 PRINT M
   40 LET E = R + M
   50 PRINT E
   60 END
   ```

   Probelauf
   RUN
   ? 240
   33.6
   273.6

2. Übersichtlicher wäre es, wenn man beim Auftreten des Fragezeichens und des blinkenden Cursors erfahren könnte, was einzugeben ist. Und wenn zum Schluß die Beträge kommentiert werden könnten.
   Gib dazu folgendes Programm ein.

   ```
   10 INPUT "Rechnungsbetrag"; R
   20 LET M = R * .14
   30 PRINT "Mehrwertsteuer DM"; M
   40 LET E = R + M
   50 PRINT „Endbetrag     DM"; E
   60 END
   ```

   Probelauf
   RUN
   Rechnungsbetrag? 240
   Mehrwertsteuer DM   33.6
   Endbetrag   DM 273.6

   Wenn Text **wörtlich** wiedergegeben werden soll, muß er nach einer INPUT- oder PRINT-Anweisung in **Anführungsstriche** gesetzt werden. **Wörtlicher Text und Variable werden durch ein Semikolon getrennt.** Der Computer kann im Dialog, also im „Zwiegespräch" arbeiten.
   (Manche Computer erfordern in der PRINT-Zeile kein Semikolon. Probiere es aus.)

3. Zum Kennenlernen verschiedener Anzeigemöglichkeiten durch den PRINT-Befehl ändere bzw. ergänze folgende Programmzeilen.

```
30      (30 eintippen und die RETURN-Taste drücken!)
50 PRINT "Mehrwertsteuer DM"; M
51 PRINT "Endbetrag      DM"; E
52 PRINT
53 PRINT "Mehrwertsteuer DM"; M: PRINT "Endbetrag DM"; E
54 PRINT: PRINT
55 PRINT "Mehrwertsteuer DM"; M; "Endbetrag DM"; E
56 PRINT
57 PRINT "Mehrwertsteuer DM"; M, "Endbetrag DM"; E
```

Probelauf
Rechnungsbetrag? 240
Mehrwertsteuer DM 33.6
Endbetrag   DM 273.6

Mehrwertsteuer DM 33.6
Endbetrag   DM 273.6

Mehrwertsteuer DM 33.6 Endbetrag DM 273.6

Mehrwertsteuer DM 33.6   Endbetrag DM 273.6

Erklärung:
PRINT ohne folgenden Text oder Variable bewirkt eine Leerzeile (Zeile 52, 56).
Ein Doppelpunkt zwischen 2 PRINT-Befehlen bewirkt einen Zeilenvorschub, also eine neue Zeile (Zeile 53).
Ein Semikolon zwischen Text oder Variablen nach einem PRINT-Befehl bewirkt, daß nebeneinander in einer Zeile angezeigt wird (Zeile 55).
Ein Komma zwischen Text oder Variablen nach einem PRINT-Befehl bewirkt, daß an der nächsten vortabulierten Stelle weitergeschrieben wird, d.h. in der nächsten vorbestimmten Spalte (Zeile 57).
Viele Computer fassen jeweils 8 Spalten zu einer Kolonne zusammen (andere jeweils 10 oder 16). Probiere es aus, indem du die Taste TAB betätigst.

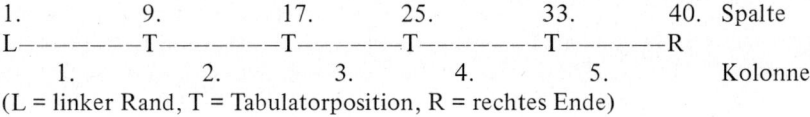

```
1.       9.      17.     25.      33.     40.   Spalte
L-------T-------T-------T--------T-------R
    1.      2.       3.      4.        5.     Kolonne
```
(L = linker Rand, T = Tabulatorposition, R = rechtes Ende)

4. Drei Schüler sind Kandidaten für die Wahl zum Klassensprecher. Der Computer soll die Stimmzahlen in Prozent ausrechnen.

```
10 PRINT "Wieviel Stimmen haben die Kandidaten A, B und C?"
20 INPUT A, B, C
30 LET G = A + B + C
40 LET A1 = A * 100 / G
50 LET B1 = B * 100 / G
60 LET C1 = C * 100 / G
70 PRINT "Kandidat", "Stimmenzahl", "Anteil in %"
80 PRINT "A", A, A1
90 PRINT "B", B, B1
100 PRINT "C", C, C1
110 END
```

Mehrere Eingaben in einer Zeile sind möglich, wenn man die Variablen und später beim Programmlauf die einzugebenden Zahlen durch ein Komma trennt.

Lasse das Programm laufen: A hat 5, B 11 und C 9 Stimmen.
Beachte die Unterschiede:
PRINT „A": Der Buchstabe A wird angezeigt.
PRINT A: Die Zahl, die für die Variable A eingegeben wurde, wird angezeigt.

Aufgaben

1. Schreibe ein Programm wie in Abschnitt 4., wenn die 4 Kandidaten A, B, C und D folgende Stimmzahlen erhielten: 6, 8, 4, 7.

2. Schreibe ein Programm für die Berechnung der Zinsen, wenn ein Kapital K zu einem Zinssatz von $P\%$ eine Zeit von T Tagen verzinst wird.
   Achte auf den abgedruckten Probelauf.

   Probelauf
   Kapital? 480
   Zinssatz? 4.5
   Wieviel Tage? 60
   Zinsen: 3.6

3. Ändere das Programm in Aufgabe 2. so ab, daß für die Zeit Monate und Tage eingegeben werden können (1 Monat = 30 Tage).

4. Schreibe ein Programm zur Berechnung des Mittelwerts (des Durchschnitts) von 2 Zahlen. Frage dabei nach der 1. Zahl und nach der 2. Zahl. Die Anzeige soll lauten: „Der Mittelwert beträgt ...".

5. Ändere das Programm in Aufgabe 4. so ab, daß der Mittelwert von a) 3 Zahlen, b) 4 Zahlen berechnet werden kann.

6. Nach einer Klassenarbeit wird der Mittelwert der Zensuren berechnet. Schreibe ein geeignetes Programm. Es soll für verschiedene Schülerzahlen einsetzbar sein. *Anleitung*: Abfrage „Wieviel Schüler haben eine I, eine II, ...?"; Ergebnisanzeige „Die Durchschnittszensur beträgt ...".

7. Schreibe ein Programm, in dem nach Länge, Breite und Höhe eines Quaders gefragt wird und das dann Oberfläche und Volumen anzeigt.

8. Ändere das Programm in Aufgabe 7. so ab, daß Volumen und Oberfläche eines Würfels berechnet werden können.

9. Schreibe ein Programm zur Berechnung des Benzinpreises, in dem nach der Literzahl Benzin (Variable L) und nach dem Preis für 1 l (Variable EP) gefragt wird. Die Ergebniszeile soll so lauten:

   40 PRINT L; " Liter Benzin kosten ";P; " DM. "

10. Schreibe ein Programm zur Umwandlung von gemischten Zahlen in gewöhnliche Brüche. **Beispiel:** $2\frac{1}{3}$ soll umgewandelt werden in $\frac{7}{3}$.
    Frage nach der ganzen Zahl (im Beispiel: 2), nach dem Zähler (im Beispiel: 1) und nach dem Nenner (im Beispiel: 3).
    Zeige das Ergebnis mit einem Schrägstrich an (im Beispiel: 7/3).

11. Herr Braun überprüft die Rechnung über seine Wasser- und Kanalbenutzungsgebühren im letzen Jahr.
    Alter Zählerstand: 342 m^3, neuer Zählerstand: 530 m^3; das Wassergeld beträgt 2 DM je m^3; die Kanalbenutzungsgebühren betragen 1,80 DM je m^3. Auf das Wassergeld werden 7% Mehrwertsteuer aufgeschlagen, aber nicht auf die Kanalbenutzungsgebühren.
    a) Schreibe einen Term und ein für deinen Rechner geeignetes Programm auf.
    b) Berechne Herrn Brauns Wasser- und Kanalbenutzungsgebühren.
    c) Berechne die Gesamtpreise in der folgenden Tabelle.

Familie	Altmann	Köppler	Kühnelt	Albrecht
Alter Zählerstand (m^3)	1244	986	534	600
Neuer Zählerstand (m^3)	1480	1194	800	936
Wassergeld (DM je m^3)	1,80	1,80	1,90	2,00
Kanalbenutzungsgebühr (DM je m^3)	1,50	1,80	1,50	1,70
Gesamtpreis (DM)				

4 Zahlenriesen und -zwerge

1. Mit dem folgenden Programm lassen sich Potenzwerte berechnen.

   ```
   10 INPUT "Basis"; A
   20 INPUT "Exponent"; B
   30 LET P = A ∧ B            (auf manchen Rechnern A ↑ B)
   40 PRINT A; "hoch"; B; "="; P
   50 END
   ```

   Lasse das Programm laufen für folgende Werte.
   a) $A = 2$; $B = 10$ Lösung: $P = 1024$
   b) $A = 6$; $B = 5$ $P = 7776$
   c) $A = 20$; $B = 15$ Anzeige des Rechners: 3.2768E+19
   d) $A = 0{,}2$; $B = 15$ 3.2768E−11

2. Sehr große oder sehr kleine Zahlen stellt der Computer mit Hilfe von **Zehnerpotenzen** dar. Die Tabelle zeigt einige Beispiele.

Zahl	Computerdarstellung
32 768 000 000 000 000 000 = $3{,}2768 \cdot 10^{19}$	3.2768E+19
2 500 000 000 000 = $2{,}5 \cdot 10^{12}$	2.5E+12
10 000 000 000 000 = $1 \cdot 10^{13}$	1 E+13
0,000 000 000 032 768 = $3{,}2768 \cdot 10^{-11}$	3.2768E−11
0,000 000 000 385 = $3{,}85 \cdot 10^{-10}$	3.85E−10
0,000 000 000 000 001 = $1 \cdot 10^{-15}$	1E−15

Aufgaben

1. Berechne mit dem Programm im 1. Abschnitt folgende Potenzwerte
   a) $985\,803^2$ b) $457\,236^3$ c) 65^7 d) 48^8
   e) $0{,}054^9$ f) $0{,}014^7$ g) $0{,}3^{15}$ h) $0{,}46^{16}$

2. Schreibe ein Programm zur Berechnung von Produkten aus 2 Zahlen. Gib die Faktoren mit Hilfe von Zehnerpotenzen ein.
   Beispiel: 32 500 000 000 000 000 000; Eingabe 3.25E+19
   a) 32 500 000 000 000 000 000 · 178 455 250 000 000 000
   b) 1 456 756 200 000 000 000 · 45 000 800 000 000
   c) 0,000 000 000 000 012 345 · 0,000 000 000 000 005 600 05
   d) 0,000 000 000 001 005 8 · 0,000 000 000 000 824

3. a) Schreibe ein Programm zur Berechnung der Potenzwerte von 36.
   b) Berechne 36^1 bis 36^{10}.

4. a) Schreibe ein Programm zur Berechnung der Potenzwerte von 0,25.
   b) Berechne $0{,}25^1$ bis $0{,}25^{10}$.

5. a) Schreibe ein Programm zur Berechnung von Kuben (3. Potenzen).
   b) Berechne $0{,}0001^3$, $0{,}001^3$, ..., $100\,000^3$, $1\,000\,000^3$

5 Schleifen

1. Der Computer kann viel. Kann er auch zählen? Er müßte ebenso vorgehen wie ein Mensch: 1 anzeigen, 1 hinzufügen, das Ergebnis anzeigen, usw.

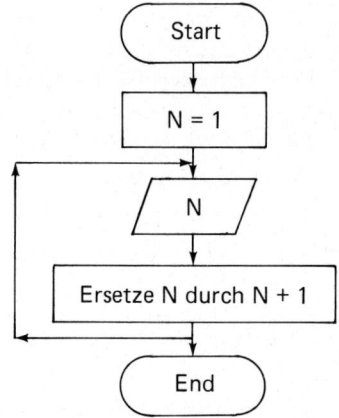

Im **Programmablaufplan (Flußdiagramm)** werden besondere Symbole benutzt.

Start- oder Endsymbol

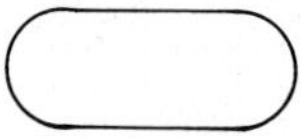

Ein- oder Ausgabesymbol (für INPUT oder PRINT)

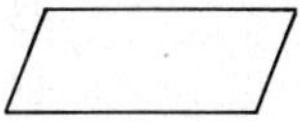

Ausführungssymbol für einen Arbeitsschritt

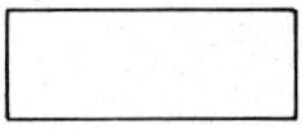

Das Programm lautet in BASIC so:

```
10 LET N = 1
20 PRINT N;
30 LET N = N + 1
40 GOTO 20
50 END
```
                        Vorsicht! Noch nicht starten!!!

In Zeile 30 holt der Computer den augenblicklichen Wert aus dem Speicher N, addiert 1 und speichert die Summe anschließend wieder in Speicher N. Mathematisch ist N = N + 1 unsinnig. In BASIC bedeutet das: „Ersetze N durch den neuen Wert (N + 1)".
In Zeile 40 erfolgt ein **Sprung** zu Zeile 20 zurück. Das ergibt im Programm eine **Schleife** (vgl. Flußdiagramm).
Vor dem Starten des Programms vergewissere dich, wie man es anhalten kann, häufig durch Drücken der Taste BREAK oder der Taste STOP oder durch CTRL C.

Probelauf
RUN
1 2 3 4 5 6 7 8 ...
a) Warum werden die Zahlen <u>nebeneinander</u> angezeigt?
b) Warum wird die Zeile 50 des Programms nie erreicht?

2. Hier ist noch ein Rat zur schnellen <u>Korrektur von Tippfehlern</u>. Angenommen, jemand schreibt „PRONT" statt „PRINT". Mit den 4 **Cursortasten** (↑, ↓, →, ←) kann man jeden Punkt auf dem Bildschirm ansteuern. Man bewegt den Cursor auf das falsche „O" und tippt den richtigen Buchstaben. RETURN-Taste nicht vergessen! Hat man ein Zeichen zu viel geschrieben, so kann man es löschen durch Drücken der Taste DEL (delete (engl.) = streichen, tilgen). Fehlt ein Zeichen, so muß man Platz dafür schaffen durch Drücken der Taste INS – meistens gleichzeitiges Betätigen von SHIFT und INS (insert (engl.) = einsetzen, einfügen).
Probiere das an selbstgewählten Beispielen.

Aufgaben

1. Ändere obiges Programm so, daß in Zweierschritten gezählt wird.
2. Schreibe ein Programm zum Rückwärtszählen. Fange bei 100 an und gehe a) in Einerschritten b) in Fünferschritten c) in Achterschritten rückwärts.
3.
   ```
   10 LET Z = 1
   20 LET P = Z * 3
   30 PRINT P;
   40 LET Z = Z + 1
   50 GOTO 20
   60 END
   ```
   a) Was bewirkt dieses Programm?
   b) Ändere es so ab, daß es das Einmaleins der 5 anzeigt.
4. Schreibe ein Programm zur Berechnung der Potenzen von
   a) 2   b) 5   c) 12   d) 0,5   e) 0,2   f) 0,02.
5. Schreibe ein Programm zur Berechnung der Quadratzahlen.
6. a) Gib folgendes Programm ein:

   ```
   10 PRINT "hallo";
   20 GOTO 10
   30 END
   ```

   b) Ändere Zeile 10 wie folgt:

   ```
   10 PRINT "hallo ";
   ```

   c) Entwirf ähnliche Programme.
7. Schreibe ein Programm zur Berechnung der „unendlichen Summen"
   a) $1 + \dfrac{1}{2} + \dfrac{1}{4} + \dfrac{1}{8} ...$ b) $1 - \dfrac{1}{2} + \dfrac{1}{4} - \dfrac{1}{8} + ...$

6 Bedingte Sprünge

1. Die Programme in Kapitel 5 hatten den Nachteil, daß sie nur künstlich über die Tastatur beendet werden konnten. Es geht auch anders.
   Beispiel: Gesucht ist ein Programm zur Berechnung der 3. Potenzen (der Kuben) von 1 bis 10.

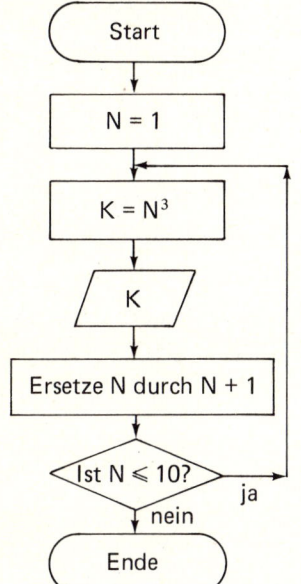

```
10 LET N = 1
20 LET K = N∧3     (oder N ↑ 3)
30 PRINT K
40 LET N = N+1
50 IF N < = 10 THEN 20
60 END
```

Die Schleife (Zeile 20 bis 50) wird zehnmal durchlaufen. Mit der Variablen N wird die Zahl der Schleifendurchgänge gezählt.
Zeile 50 bedeutet: Wenn N kleiner oder gleich 10 ist, dann gehe in Zeile 20 (IF ... THEN ... = Wenn ... Dann ...). Wenn die Bedingung nicht zutrifft, dann wird die nächste Zeile bearbeitet, hier END. Der Sprung nach Zeile 20 erfolgt also nicht immer, sondern nur, wenn eine bestimmte Bedingung erfüllt ist (N kleiner oder gleich 10). Daher rührt der Name **Bedingter Sprung**.

2. Mit dem IF-THEN-Befehl erreicht man eine **Verzweigung**. Man kann das Programm auf zweierlei Weisen fortsetzen:
   a) Ist die Bedingung hinter IF erfüllt, dann wird die Anweisung hinter THEN ausgeführt.
   b) Ist die Bedingung hinter IF nicht erfüllt, dann wird der Befehl mit der nächsthöheren Zeilennummer ausgeführt.
   Die Bedingung hat stets die Form eines Vergleichs. Dazu werden folgende Zeichen benutzt:

   = (gleich)   <> oder >< (ungleich)
   < (kleiner)   <= oder =< (kleiner oder gleich)
   > (größer)   >= oder => (größer oder gleich)

3. a) Berechne noch einmal die 3. Potenzen (Kuben) von 1 bis 10, diesmal mit folgendem Programm.

```
10 LET N = 1
20 LET K = N∧3
30 PRINT K
40 LET N = N+1
50 IF N > 10 THEN 70
60 GOTO 20
70 END
```

Hinweis: IF N > 10 THEN 70 ist meistens gleichbedeutend mit
IF N > 10 GOTO 70 und mit
IF N > 10 THEN GOTO 70
Manche Computer verstehen nur den ersten Befehl!

b) Ändere das Programm so ab, daß es die 4. Potenzen bis höchstens zum Potenzwert 4000 berechnet.

c) Ändere das Programm in b) so ab, daß es nebeneinander die Basis, den Exponenten und den Potenzwert anzeigt, z.B. „3 4 81".

4. Computer mit komfortablem BASIC haben einen besseren Befehl: IF ... THEN ... ELSE (wenn ... dann ... sonst). Damit sind Vereinfachungen möglich. Das Programm in 3. a) könnte umgeschrieben werden: 10 bis 40 wie oben

```
50 IF N > 10 THEN END ELSE 20
60
70
```

Aufgaben

1. Lasse den Computer von 1 bis 100 zählen.

2. Lasse den Computer von 1 bis 200 in Viererschritten zählen.

3. Lasse den Computer von 60 an rückwärts zählen bis 1.

4. Lasse den Computer von 160 an in Achterschritten rückwärts zählen. Er soll bei −80 aufhören.

5. Schreibe ein Programm zur Berechnung der Quadratzahlen
   a) von 1 bis 20,   b) von 30 bis 40.

6. Schreibe ein Programm zur Berechnung der ersten 10 Potenzen von
   a) 2   b) 5   c) 12   d) 0,5   e) 0,2   f) 0,02.

7. Schreibe das Programm von Aufgabe 3. auf S. 18 so um, daß das Einmaleins der 3 bis 20 · 3 angezeigt wird.

8. Schreibe das Programm von Aufgabe 7. so um, daß das Einmaleins der 5 bis zum Ergebnis 200 angezeigt wird.

9. a) Tippe folgendes Programm ein. Es bewirkt die Multiplikation durch fortgesetzte Addition: $P = A \cdot B = A + A + A + \ldots + A$.

```
10 INPUT A
20 INPUT B
30 LET P = 0
40 LET N = 0
50 LET P = P + A
60 LET N = N + 1
70 IF N <> B THEN 50
80 PRINT A; "*"; B; "="; P
90 END
```

b) Erkläre die einzelnen Schritte.
c) Wähle für A und B beliebige Zahlen (natürliche, ganze und rationale Zahlen). Für welche Zahlen liefert das Programm nicht das gewünschte Ergebnis? Begründe.

10. Hier ist ein Programm zur Berechnung des Kehrwerts einer Zahl.

```
10 INPUT "Eingabe einer beliebigen Zahl"; A
20 IF A = 0 THEN 60
30 LET K = 1/A
40 PRINT "Der Kehrwert von"; A; "ist"; K
50 GOTO 70
60 PRINT "0 hat keinen Kehrwert!"
70 END
```

a) Berechne den Kehrwert von 5 (20; 25; 400; 0,5; 0,25; 0,04).
b) Warum darf im Programm die Zeile 50 nicht fehlen? Lösche die Zeile in deinem Programm und probiere aus.

11. Folgendes Programm soll die größere von zwei gegebenen Zahlen anzeigen.

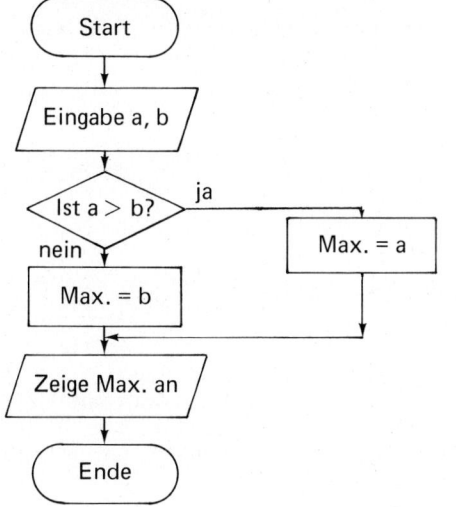

```
10 PRINT "Maximum zweier Zahlen"
20 INPUT "1. Zahl"; A
30 INPUT "2. Zahl"; B
40 IF A > B THEN 60
50 LET M = B: GOTO 70
60 LET M = A
70 PRINT "Maximum: "; M
80 END
```

a) Prüfe das Programm an selbstgewählten Zahlen.
b) Warum muß in Zeile 50 am Ende „GOTO 70" stehen?
c) Erkläre, warum das folgende Programm das gleiche bewirkt, aber mit weniger Schritten auskommt.

```
10 PRINT "Maximum zweier Zahlen"
20 INPUT "Wie heißen die beiden Zahlen"; A,B
30 IF A > B THEN LET M = A: GOTO 50
40 LET M = B
50 PRINT "Maximum: "; M
60 END
```

12. Schreibe ein Programm, mit dem man die kleinere von zwei Zahlen ermitteln kann.

13. Verändere das Programm in Aufgabe 11. so, daß zuerst festgestellt wird, ob die eingegebenen Zahlen gleich groß sind. In diesem Fall soll angezeigt werden: „Die Zahlen sind gleich groß."

14. Für die Funktionsgleichung $y = x^2 : (x - 5)$ soll eine Wertetabelle erstellt werden. Für x werden alle ganzen Zahlen von -8 bis $+8$ gewählt. Schreibe ein Programm mit 2 IF-THEN-Befehlen: Erstens soll geprüft werden, ob der Nenner gleich Null ist. Zweitens soll das Programm beendet werden, wenn $x > 8$ ist.
Beachte: Ein Programm darf mehrere IF-THEN-Anweisungen enthalten.

15. Eine Bank berechnet für ein Girokonto monatliche Grundgebühren von 3,50 DM. Dafür berechnet sie für die ersten 6 Buchungen im Monat keine weiteren Gebühren. Jede weitere Buchung kostet 50 Pf.
Schreibe ein Programm zur Berechnung der monatlichen Gebühren, wenn die Anzahl der Buchungen eingegeben wird.

16. Fernmeldegebühren (Telefonkosten) werden 1984 für die meisten Teilnehmer wie folgt berechnet.
Monatliche Grundgebühr: 27 DM; 20 Einheiten monatlich sind frei. Jede weitere Einheit wird mit 23 Pf, abzüglich 1% davon, berechnet, also mit 0,23 DM · 0,99. Schreibe ein Programm zur Ermittlung der Fernmeldegebühren für 5, 10, 15, ..., 100 Einheiten monatlich.

17. Ändere das Programm in Aufgabe 16. so ab, daß die Fernmeldegebühren für 10, 20, 30, ..., 200 Einheiten berechnet werden.

18. Unter bestimmten Voraussetzungen beträgt die Grundgebühr nur 22 DM. Dann sind monatlich 50 Einheiten frei. Wie ändert sich das Programm?

19. Wieviel verschiedene Zahlen kann man mit den 4 Ziffern 1, 2, 3 und 4 schreiben, wenn jede Ziffer genau einmal vorkommen soll?
Nun, für die erste Ziffer gibt es 4 Wahlmöglichkeiten, für die zweite noch 3, für die dritte noch 2 und für die vierte nur eine; das sind insgesamt $4 \cdot 3 \cdot 2 \cdot 1$ Möglichkeiten. Zur Abkürzung schreibt man 4! (lies „vier **Fakultät**").
Allgemein gilt $n! = 1 \cdot 2 \cdot 3 \cdot ... \cdot n$ ($n \in \mathbb{N}^*$).

a) Tippe folgendes Programm ein. Was zeigt es jeweils an?

```
10 INPUT N
20 LET F = 1
30 LET Z = 1
40 LET F = F * Z
50 PRINT Z, F
60 LET Z = Z + 1
70 IF Z > N THEN 90
80 GOTO 40
90 END
```

b) Ändere das Programm so ab, daß es nach der Eingabe von n den Wert von $n!$ berechnet und anzeigt.

c) Ändere das Programm in b) so ab, daß nach der Anzeige von $n!$ gefragt wird: „Neue Eingabe (ja = 1, nein = 0)?" Je nach der eingegebenen Zahl soll in Zeile 10 gesprungen oder aber das Programm beendet werden.

20. Schreibe ein Programm, mit dem man überprüfen kann, ob ein Punkt $P(x_1/y_1)$ auf einer Geraden mit der Gleichung $y = mx + n$ liegt.
Anleitung: Eingabe von m und n; Eingabe der Koordinaten des Punktes x_1 und y_1; Vergleich von $mx_1 + n$ und y_1; Anzeige „Der Punkt liegt/liegt nicht auf der Geraden."; Abfrage, ob noch ein Punkt eingegeben werden soll.

21. Ändere das Programm in Aufgabe 20. so ab, daß überprüft wird, ob ein Punkt $P(x_1/y_1)$ auf einer Parabel mit der Gleichung $y = ax^2 + bx + c$ liegt.

22. Gesucht ist ein Programm zur Lösung von 2 Gleichungen mit 2 Variablen nach dem Additionsverfahren.
Die Gleichungen $ax + by = c$ und $dx + ey = f$ haben die Lösungen $x = (ce - bf) : (ae - bd)$ und $y = (af - cd) : (ae - bd)$, wobei der Divisor (der Nenner) natürlich ungleich 0 sein muß.
Anleitung: Eingabe der 6 Variablen a, b, c, d, e, f; Überprüfung, ob der Nenner ungleich 0 ist; Anzeige „Das Gleichungssystem hat keine eindeutige Lösung." oder Anzeige der beiden Lösungen.

23. Zu zwei Geraden mit den Funktionsgleichungen $y = m_1 x + n_1$ und $y = m_2 x + n_2$ soll der Schnittpunkt berechnet werden. Schreibe ein Programm (vgl. Aufgabe 22.).

24. Schreibe ein Programm zur Berechnung des Mittelwerts mehrerer Zahlen, ohne daß am Anfang feststeht, um wieviel Zahlen es sich handelt.
Anleitung: Damit der Computer weiß, wann die Dateneingabe beendet ist, gibt man als letzte Zahl z.B.: 9999 ein. Setze N = 0 und S = 0 (N = Anzahl der Werte, S = Summe); gib einen ersten Wert W ein; setze S = S + W; setze N = N + 1; gib einen neuen Wert ein; ... wenn 9999 eingegeben wird, soll M = S : N berechnet und angezeigt werden.

25. Eine Holzhandlung bietet Profilbretter zum Verkleiden von Wänden und Decken an. 1 m² kostet 10,85 DM.
Ab 50 m² gewährt die Firma einen Rabatt von 5%. Der Kunde zahlt also nur 95% des Preises. Ab 100 m² beträgt der Rabatt 10%.
Schreibe ein Programm, das den Verkaufspreis anzeigt, wenn man die Anzahl der m² eingibt.
Anleitung: Wenn die gekaufte Anzahl von m² nicht unter 50 und auch nicht größer oder gleich 100 ist, dann liegt sie dazwischen.

26. Bei Tarifverhandlungen wird eine 5%ige Lohnerhöhung und ein Festbetrag von 80 DM ausgehandelt.

    Beispiel: Alter Lohn: 1800 DM; neuer Lohn: 1800 DM · 1,05 + 80 DM
    a) Schreibe ein Programm zum Anzeigen einer Tabelle „Alter Lohn ... Neuer Lohn ...". Wähle den ursprünglichen Lohn von 1500 DM bis 3000 DM in Hunderterschritten.
    b) Schreibe ein Programm zur Berechnung des alten Lohnes, wenn man den neuen Lohn kennt.

27. Eine Familie hat die Wahl zwischen zwei Stromtarifen.
    Tarif I: Jährlicher Grundpreis 198 DM, Arbeitspreis 15,7 Pf je kWh;
    Tarif II: Jährlicher Grundpreis 332 DM, Arbeitspreis 12,7 Pf je kWh.
    a) Schreibe ein Programm zum Erstellen einer Tabelle, in der man zu jeder kWh-Zahl den Betrag nach Tarif I und nach Tarif II sieht.
    b) Lasse das Programm laufen für 3000 kWh bis 5000 kWh in Hunderterschritten.
    c) Wähle in dem Hunderterintervall, in dem beide Tarife (fast) gleich günstig sind, Zehnerschritte.
    d) Wähle in dem Zehnerintervall, in dem beide Tarife (fast) gleich günstig sind, Einerschritte. Von welcher kWh-Zahl ist Tarif II günstiger?

28. Schreibe je ein Programm:
    a) 10 Sternchen sollen untereinander angezeigt werden.
    b) 30 Sternchen sollen nebeneinander angezeigt werden.
    c) 20 Sternchen sollen nebeneinander mit einem Zwischenraum angezeigt werden.

7 Stringvariable

1. Tippe folgendes Programm ein und lasse es laufen.

```
10 PRINT "Höflicher Computer"
20 PRINT
30 INPUT "Dein Familienname"; N$        (N und Dollarzeichen)
40 INPUT "männlich oder weiblich"; G$   (G für Geschlecht)
50 PRINT: PRINT
60 IF G$ = "männlich" THEN 80
70 PRINT "Guten Tag, Fräulein "; N$; "!": GOTO 90   (Ein Doppelpunkt
80 PRINT "Guten Tag, Herr "; N$; "!"                 trennt Befehle.)
90 END
```

Probelauf:
RUN
Höflicher Computer

Dein Familienname? Basic
männlich oder weiblich? weiblich

Guten Tag, Fräulein Basic!

2. Dialoge mit dem Computer werden einfacher, wenn man nicht nur Variable für Zahlen verwendet, sondern auch für Texte (einzelne Buchstaben, Wörter, Sätze).
Für solche **Zeichenketten** (engl. strings) müssen besondere Speicherplätze vorgesehen werden. Der Rechner muß numerische Variable (für Zahlen) und **Stringvariable** (für Zeichenketten) unterscheiden können.
In BASIC werden Stringvariable mit einem angehängten Dollarzeichen versehen: A$, B$, ..., Z$, A0$, A1$, ..., Z9$, AA$, AB$, ..., ZZ$. (Manche Computer nehmen weniger Variable an, manche auch mehr als zweistellige! Lies im Handbuch nach. Oder probiere, indem du z. B. im obigen Programm statt N$ einmal N1$ oder NA$ oder NAME$ tippst.)
Achte im obigen Programm besonders auf folgende Zeilen:
30, 40   Stringvariable, daher Dollarzeichen
60   Die Zeichenkette „männlich" muß in Anführungszeichen stehen.
70   Wörtliche Anzeige in Anführungszeichen. Auch Leerstellen (blanks) müssen innerhalb der Anführungszeichen stehen. Dazwischen steht die Stringvariable N$ für Name. Die Trennung muß auf vielen Rechnern durch ein Semikolon erfolgen.
Ersetze im obigen Programm N$ durch N. Starte das Programm und achte auf die Fehlermeldung.

3. Die jährlichen Stromkosten eines Haushalts setzen sich zusammen aus der Grundgebühr und dem Preis für die verbrauchten Kilowattstunden. Familie Dietz zahlt eine Grundgebühr von 270 DM und zusätzlich 16 Pf für jede kWh. Auf den Gesamtpreis werden noch 14% Mehrwertsteuer aufgeschlagen. Zu berechnen ist der Preis für verschiedene Eingaben von kWh-Zahlen.

```
10 PRINT "Berechnung der Stromkosten"
20 INPUT "Wieviel kWh"; N
30 LET P = (270 + N * .16) * 1.14
40 PRINT P
50 INPUT "Noch eine Eingabe (ja/nein)"; X$
60 IF X$ = "ja" THEN 20
70 END
```

a) Erkläre die Rechnung in 30.   b) Führe mehrere Rechnungen aus.

Aufgaben

1. Tippe folgendes Programm ein, lasse es laufen und erkläre danach die einzelnen Programmschritte.

```
10 A$ = "AUTO"
20 B$ = "BAHN"
30 PRINT
40 PRINT A$; B$
50 PRINT A$, B$
60 PRINT A$+B$
70 PRINT A$+B$, B$+A$
80 END
```

<u>Sind Stringvariable durch „;" oder „+" getrennt, so werden die Zeichenketten ohne Zwischenraum aneinandergehängt.</u>

2. Im April 1984 mußte man für 100 öS (österreichische Schillinge) 14,33 DM zahlen. Schreibe ein Programm zur Umrechnung von öS in DM. Frage am Ende, ob noch eine Eingabe gewünscht wird.

3. Im April 1984 kostete 1 l Normalbenzin 1,279 DM. Schreibe ein Programm, in dem zuerst gefragt wird, ob der Preis oder die Literzahl berechnet werden soll. Je nach Antwort wird die Literzahl eingegeben und der Preis berechnet oder umgekehrt. Am Ende soll gefragt werden, ob noch eine Eingabe erwünscht wird.

4. Schreibe ein Programm zur Zinsrechnung. Frage zuerst „Was ist gesucht?" Je nach der Eingabe „Zinsen", „Kapital", „Zinssatz" oder „Zeit" soll das Programm verzweigen in die jeweilige Berechnung. Dann soll nach den gegebenen drei Größen gefragt werden. Die Ergebnisanzeige könnte z.B. lauten: „Die Zinsen betragen ... DM." Am Ende soll abgefragt werden, ob noch eine Berechnung folgen soll.

5. Aus der Physik kennst du sicher das Ohmsche Gesetz: Der Widerstand eines Leiters (R) ist gleich dem Quotienten aus Spannung (U) und Stromstärke (I), also $R = U : I$.
Schreibe ein Programm zur Berechnung der dritten Größe R, U oder I, wenn die anderen beiden bekannt sind.
Frage am Ende, ob noch eine Berechnung erfolgen soll.

6. Schreibe ein Programm, mit dem der Computer Urlaubsvorschläge macht. Es soll nach Urlaubsgebieten gefragt werden (Meer, Gebirge, Hauptstadt, flaches Land, ...). Der Computer soll Vorschläge anzeigen wie „Fahre im Urlaub in die Südsee."

7. Schreibe ein Programm, in dem der Computer nach dem Namen bekannter Persönlichkeiten fragt. Er soll dann nähere Angaben über diese Persönlichkeit anzeigen.

8. Schreibe ein Programm, mit dem man einen Briefkopf erstellen kann. Frage nach dem Vornamen, dem Namen, der Straße und dem Wohnort des Absenders, ferner nach dem Datum. Lasse dann z. B. anzeigen:

Manfred Relgov	Stuttgart, 8. 5. 1985
Fürstenstraße 99	
7000 Stuttgart 1	

8 Verknüpfung von Aussagen

1. Vom 16. Lebensjahr an darf man Führerschein, Kl. 4 erwerben;
   vom 18. Lebensjahr an den Führerschein, Kl. 3 und 1;
   vom 21. Lebensjahr an den Führerschein, Kl. 2.
   Das folgende Programm zeigt bei Eingabe des Alters, welchen Führerschein man bekommen kann.

```
10 INPUT "Wie alt sind Sie";A
20 IF A < 16 THEN 60
30 IF A >= 16 AND A < 18 then 70
40 IF A >= 18 AND A < 21 THEN 80
50 PRINT "Führerschein, Klasse 2 ist möglich.": GOTO 90
60 PRINT "Leider noch kein Führerschein möglich!": GOTO 90
70 PRINT "Führerschein, Klasse 4 ist erlaubt.": GOTO 90
80 PRINT "Führerschein, Klasse 1 und 3 ist erlaubt."
90 END
```

Erklärungen:

1) In einem Programm dürfen mehrere IF-THEN-Anweisungen vorkommen.

2) Bedingungen nach IF dürfen durch AND (und) oder durch OR (oder) verknüpft werden.
   a) Warum wird in dem Programm nicht nach dem Alter über 21 gefragt?
   b) Gib verschiedene Zahlen als Altersangaben in Jahren ein und teste das Programm.
   c) Ändere das Programm so, daß zuerst entschieden wird, ob der Bewerber älter als 21 Jahre ist.

2. a) Tippe das Programm ein und lasse es laufen.

```
10 PRINT "Vokal oder Konsonant?"
20 INPUT "Wie heißt der Großbuchstabe"; B$
30 IF B$="A" OR B$="E" OR B$="I" OR B$="O" OR B$="U" THEN 50
40 PRINT B$; "ist ein Konsonant.": GOTO 60
50 PRINT B$; "ist ein Vokal."
60 End
```

b) Erkläre die „Antwort" des Computers, wenn man 2 Buchstaben eingibt, z.B. „AA".

c) Ändere das Programm so ab, daß auch Kleinbuchstaben überprüft werden können.

Aufgaben

1. Hier findest du eine Tabelle ausgewählter Stoffe und ihrer Schmelz- und Siedepunkte.

Stoff	Schmelzpunkt	Siedepunkt
Äthanol	−114 °C	78,3 °C
Aluminium	660 °C	2450 °C
Ammoniak	−78 °C	−33 °C
Eis	0 °C	100 °C
Eisen	1535 °C	2735 °C
Kohlendioxid	−57 °C	−78 °C
Kupfer	1083 °C	2590 °C
Quecksilber	−39 °C	257 °C
Sauerstoff	−219 °C	−183 °C
Silber	961 °C	2200 °C
Wasser	0 °C	100 °C
Wasserstoff	−259 °C	−253 °C

   Schreibe ein Programm, das nach Eingabe des Stoffes, seines Schmelz- und seines Siedepunktes anzeigt, ob dieser Stoff bei Zimmertemperatur (18 °C) fest oder flüssig oder gasförmig ist.

2. Schreibe ein Programm, das nach Eingabe des Gewichtes eines Briefes seine Portogebühr anzeigt.

Standardbrief bis 20 g	0,80 DM
Brief bis 50 g	1,30 DM
über 50 g bis 100 g	1,90 DM
über 100 g bis 250 g	2,50 DM
über 250 g bis 500 g	3,10 DM
über 500 g bis 1000 g	3,70 DM

3. Schreibe ein Programm, das nach Eingabe des Gewichts und der Maße anzeigt, ob es sich um einen Standardbrief handelt.
   Standardbriefe sind Briefe bis 20 g; Länge zwischen 14 und 23,5 cm; Breite zwischen 9 und 12 cm; Höhe bis 0,5 cm; Länge mindestens das 1,41fache der Breite.

9 Die FOR-NEXT-Schleife

1. Ein (im luftleeren Raum) frei fallender Körper hat nach t Sekunden einen Weg von $s = 5 \cdot t^2$ Meter zurückgelegt.
Tippe nacheinander beide Programme in deinen Computer ein und teste.

```
10 PRINT "Fallwegberechnung"          10 PRINT "Fallwegberechnung"
20 LET T = 0                          20 FOR T = 0 TO 10
30 LET S = 5 * T * T                  30 LET S = 5 * T * T
40 PRINT T, S                         40 PRINT T, S
50 LET T = T + 1                      50 NEXT T
60 IF T > 10 THEN 80                  60 END
70 GOTO 30
80 END
```

Beide Programme erreichen dasselbe, wie auch das Flußdiagramm zeigt.

Die beiden Programme unterscheiden sich nur in wenigen Befehlen:

```
20 LET T = 0            20 FOR T = 0 TO 10
50 LET T = T + 1        50 NEXT T
60 IF T>10 GOTO 80
70 GOTO 30
```

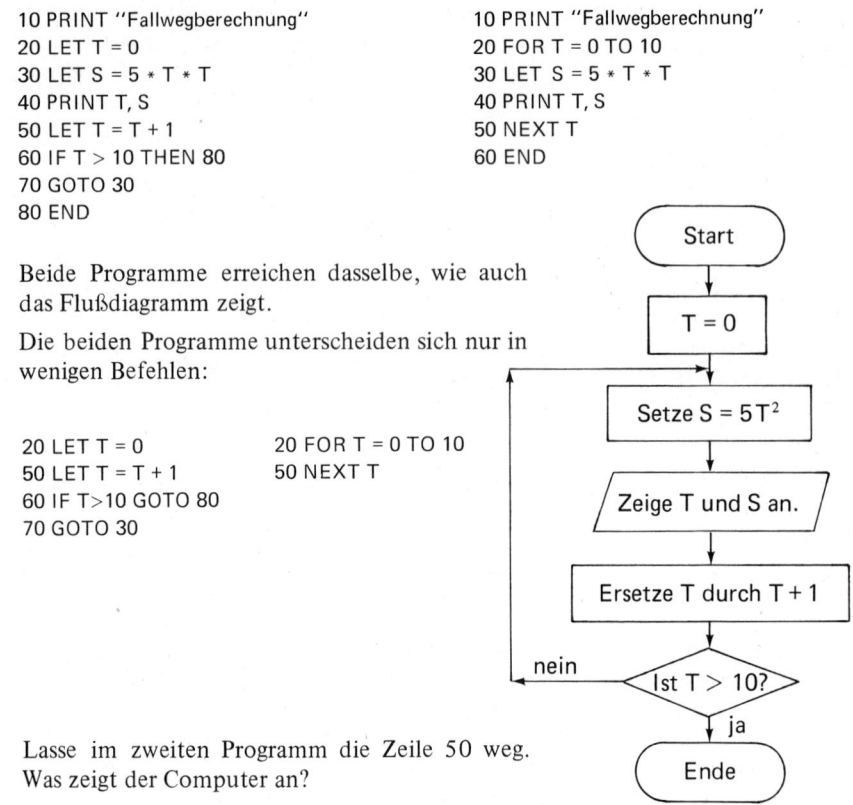

Lasse im zweiten Programm die Zeile 50 weg. Was zeigt der Computer an?

Wenn Anfang und Ende einer Schleife bekannt sind, wenn also die Anzahl der Wiederholungen feststeht, ist die **FOR-NEXT-Schleife** sehr bequem anzuwenden. Die **Zählvariable** (hier T) wird zunächst auf den Anfangswert (hier 0) gesetzt (Zeile 20). Dann wird die Schleife durchlaufen bis T = 10.

2. Lasse das zweite Programm noch einmal laufen, aber mit folgender Änderung:

20 FOR T = 0 TO 10 STEP 2.

Die FOR-NEXT-Schleife kann man sich durch Treppensteigen veranschaulichen. Natürlich sind auch 2 Stufen auf einmal möglich: „STEP 2" in Zeile 20. Auch andere **Schrittweiten** wie 0,1; 0,5; −1 sind erlaubt. Läßt man die Anweisung „STEP ..." weg, so wählt der Computer automatisch die Schrittweite +1.

Aufgaben

Verwende in jedem Programm eine FOR-NEXT-Schleife.

1. a) Schreibe das Programm aus Abschnitt 1. auf Seite 19 mit einer FOR-NEXT-Schleife.
   b) Welches Programm ist einfacher?
2. Lasse den Computer von 1 bis 100 zählen.
3. Lasse den Computer die geraden Zahlen von 2 bis 200 anzeigen.
4. Lasse den Computer die ungeraden Zahlen von 1 bis 199 anzeigen.
5. Lasse den Computer rückwärts zählen von 20 bis −20.
6. Schreibe ein Programm zur Berechnung der Quadratzahlen
   a) von 1 bis 20,   b) von 30 bis 40.
7. Schreibe ein Programm zur Berechnung der ersten 10 Potenzen von
   a) 2   b) 5   c) 12   d) 0,5   e) 0,2   f) 0,02.
8. Es soll eine Wertetabelle für $y = -1,8x + 2,5$ mit $-7 \leq x \leq 7$ mit der Schrittweite   a) 1   b) 2   c) 0,5   d) 0,25   erstellt werden.
9. Für $y = 0,5x^2 - 2x + 1$ mit $-7 \leq x \leq 7$ soll eine Wertetabelle erstellt werden. Wähle als Schrittweite   a) 1   b) 0,5   c) 0,25.
10. Für $y = -2x^2 + 3x - 5$ mit $4 \geq x \geq -4$ soll eine Wertetabelle erstellt werden. Wähle als Schrittweite   a) −1   b) −0,5   c) −0,25.
    d) Was geschieht, wenn man in der FOR-NEXT-Schleife den STEP-Befehl wegläßt? Begründe.
11. Heike lernt in einem Textilgeschäft. 1 m Stoff aus einem Sonderangebot kostet 3,20 DM. Heike soll eine Preistabelle für 0,5 m 1 m; 1,5 m; ...; 8 m anfertigen. Schreibe ein Programm.
12. Eine Seemeile (sm) mißt 1,852 km. Schreibe ein Programm zum Erstellen einer Umrechnungstabelle für   a) 1 sm, 2 sm, ..., 30 sm,   b) 1 km, 2 km, ..., 50 km.
13. Ein rechteckiges Grundstück soll einen Flächeninhalt von 720 m² haben.
    a) Wie breit muß es sein, wenn es 5 (10, 15, ..., 50) m lang ist? Schreibe ein Programm.
    b) Ändere das Programm in a) so, daß die Breite berechnet wird für Längen von 0 m bis 60 m in Zehnerschritten. Lasse das Programm laufen und erkläre die Anzeige bei der Länge 0 m.
14. Frank möchte die Geschwindigkeit des Zuges ermitteln, in dem er gerade fährt. Von einem Kilometerstein zum nächsten, also für 1 km, benötigt der Zug 40 Sekunden.
    In 1 s fährt der Zug (1 : 40) km; in 1 Stunde (= 3 600 s) fährt er 3 600 : 40 km. Daher ist die gesuchte Geschwindigkeit 90 km/h. Allgemein gehört zu jeder gemessenen Zeit t für 1 km (in Sekunden) eine Geschwindigkeit von 3 600 : t (in km/h). Schreibe ein Programm.
15. Eine Fahrschule verlangt folgende Gebühren: 200 DM Grundgebühr, 50 DM für die Vorstellung zur Prüfung und 36 DM für jede Fahrstunde. Schreibe ein Programm zum Erstellen einer Preistabelle für 1 bis 20 Fahrstunden.

16. In der Fahrschule lernt man folgende Faustregeln:
    Reaktionsweg (in Meter):   Gefahrene Geschwindigkeit (in km/h) dividiert durch 10, Ergebnis mal 3.
    Bremsweg (in Meter):   Geschwindigkeit dividiert durch 10, Ergebnis mit sich selbst multiplizieren.
    Anhalteweg (in Meter):   Reaktionsweg + Bremsweg.
    In einer Tabelle sollen nebeneinander die gefahrene Geschwindigkeit von 0 bis 160 km/h in Zehnerschritten, der Reaktionsweg, der Bremsweg und der Anhalteweg stehen. Schreibe ein Programm.

17. Dein Computer soll zeichnen lernen. Gib als Vorübung folgende Programme ein und lasse sie laufen.

    a)

    ```
    10 FOR N = 1 TO 5
    20 PRINT "*"
    30 NEXT N
    40 END
    ```

    Probelauf
    RUN
    *
    *
    *
    *
    *

    b)

    ```
    10 FOR N = 1 TO 5
    20 PRINT "*";
    30 NEXT N
    40 END
    ```

    RUN
    *****

    c) Ändere Zeile 20 so ab: 20 PRINT „hallo";
    d) Ändere Zeile 20 so ab: 20 PRINT „hallo ";
    e) Ändere Zeile 20 so ab: 20 PRINT N;
    f) Ändere Zeile 20 so ab: 20 PRINT „8";

    Das <u>Semikolon</u> bewirkt, daß <u>nebeneinander</u> angezeigt wird. Bei numerischen Variablen wird eine <u>Leerstelle</u> angezeigt (vgl. e)); sonst wird ohne Abstand aneinandergefügt.

18. Gib folgendes Programm ein.

    ```
    10 FOR M = 1 TO 4
    20     FOR N = 1 TO 10
    30         PRINT "*";
    40     NEXT N
    50 PRINT
    60 NEXT M
    70 END
    ```

    Die innere Schleife bewirkt das Anzeigen von 10 Sternchen in 1 Zeile.

    Die äußere Schleife bewirkt das Anzeigen von 4 Zeilen.

    Probelauf
    RUN
    ****
    ****
    ****
    ****

    Das Einrücken in Zeile 20 bis 40 hat keine Bedeutung. Es dient nur der besseren Übersicht.
    <u>Mehrere FOR-NEXT-Schleifen</u> dürfen <u>ineinander</u> geschachtelt werden.

Ändere das Programm so ab, daß das Rechteck 10 Zeilen zu je 20 Sternchen enthält.

19. Ergänze das Programm in Aufgabe 18. so, daß man zuerst die Anzahl der gewünschten Zeilen und Spalten eingeben kann.

20. Ändere das Programm in Aufgabe 19. so, daß die Sternchen nur **a)** in jeder zweiten Zeile, **b)** in jeder zweiten Spalte stehen.

21. Auch mehr als 2 FOR-NEXT-Schleifen können ineinander geschachtelt sein.
a) Gib folgendes Programm ein.

```
10 INPUT "Wieviel Sterne pro Zeile"; A
20 INPUT "Wieviel Fragezeichen pro Zeile"; B
30 INPUT "Wieviel Pluszeichen pro Zeile"; C
40 INPUT "Wieviel dreizeilige Muster untereinander"; D
50 FOR M = 1 TO D
60     FOR N = 1 TO A
70        PRINT "*";          1. Zeile
80     NEXT N
90 PRINT
100    FOR X = 1 TO B
110       PRINT "?";          2. Zeile
120    NEXT X
130 PRINT
140       FOR Y = 1 TO C
150          PRINT "+";       3. Zeile
160       NEXT Y
170 PRINT
180 NEXT M
190 END
```

Probelauf
RUN
? 10
? 8
? 6
3
****
? ? ? ? ? ? ? ?
++++++
****
? ? ? ? ? ? ? ?
++++++
****
? ? ? ? ? ? ? ?
++++++

b) Was geschieht, wenn $A > 80$ (auf vielen Rechnern sogar $A > 40$) ist? Begründe.
c) Entwirf selbst Programme zum Erstellen ähnlicher Muster.
d) Wenn alle 3 Zeilen gleich lang sein sollen, läßt sich das Programm vereinfachen. Schreibe ein solches Programm und probiere es aus.

22. Schreibe Programme zum Erzeugen folgender Muster.

   a) * * * * * * * * * * * *
      — — — — — — — — — — — —
      + + + + + + + + + + + +
      * * * * * * * * * * * *

   b) * + * + * + * + * + * + * +
      + – + – + – + – + – + – + –
      <><><><><><><><>
      x * x * x * x * x * x * x *

   c) + 0 + 0 + 0 + 0 + 0 + 0 + 0
      0 + 0 + 0 + 0 + 0 + 0 + 0 +
      + 0 + 0 + 0 + 0 + 0 + 0 + 0

   d) 0 – 0 – 0 – 0 – 0 – 0 – 0 – 0 – 0 – 0 – 0
      0 + 0 + 0 + 0 + 0 + 0 + 0 + 0 + 0 + 0 + 0
      0 = 0 = 0 = 0 = 0 = 0 = 0 = 0 = 0 = 0 = 0

23. Gib folgendes Programm ein.

    ```
    10 INPUT "Wieviel Zeilen, wieviel Spalten"; Z, S
    20 FOR K = 1 TO S
    30 PRINT "*";                1. Zeile mit lauter Sternen
    40 NEXT K
    50 PRINT
    60 FOR L = 2 TO Z–1
    70 PRINT "*";                In jeder Zeile 1 Stern am
    80 FOR M = 2 TO S–1          Anfang
    90 PRINT " ";
    100 NEXT M
    110 PRINT "*"                Stern am Ende (kein
    120 NEXT L                   Semikolon!)
    130 FOR N = 1 TO S
    140 PRINT "*";
    150 NEXT N
    160 END
    ```

    Probelauf
    RUN
    ? 6, 20
    ```
    ********************
    *                  *
    *                  *
    *                  *
    *                  *
    ********************
    ```

    a) Was wird in Zeile 130 bis 150 erreicht?
    b) Wo beginnt und wo endet die FOR-NEXT-Schleife, die die 4 inneren Zeilen erzeugt?
    c) Ändere das Programm so, daß in der ersten und letzten Zeile nur an jeder zweiten Stelle ein Sternchen steht.

24. Schreibe ein Programm zur Anzeige des Einmaleins der 6. Die Anzeige soll so aussehen: „1 * 6 = 6
                2 * 6 = 12", usw.

25. a) Erstelle eine Tabelle der 1., 2., 3., 4. und 5. Potenzen der Basen 1 bis 8 nach folgendem Programm.

```
10 FOR M = 1 TO 5
20     FOR N = 1 TO 8
30       LET P = N ∧ M
40       PRINT P;
50     NEXT N
60 NEXT M
70 END
```

Das Einrücken im Programm hat keine besondere Bedeutung. Es dient nur der besseren Übersicht.

b) Ändere das Programm so ab, daß die ersten 10 Potenzen von 2 bis 5 angezeigt werden.

c) Ändere das Programm so ab, daß die Kuben (3. Potenzen) von 1 bis 20 angezeigt werden.

26. Schreibe ähnlich wie in Aufgabe 24. ein Programm zum Erstellen einer Tabelle für das kleine Einmaleins (1 · 1 bis 10 · 10).

27. Lasse den Computer das mittlere Einmaleins anzeigen (1 · 11 bis 10 · 20; vgl. Aufgabe 24. und 26.).

28. Schreibe ein Programm, das die Summe aller natürlichen Zahlen zwischen zwei angegebenen Zahlen M und N berechnet und anzeigt.
Beispiel: M = 10, N = 14, S = 10 + 11 + 12 + 13 + 14

29. Eine Familie hat die Wahl zwischen zwei Stromtarifen:
Tarif I: Jährliche Grundgebühr 162 DM; 15,8 Pf für jede kWh;
Tarif II: Jährliche Grundgebühr 254 DM; 13,2 Pf für jede kWh.
Auf den Gesamtpreis werden noch 14% Mehrwertsteuer aufgeschlagen.
Schreibe ein Programm zum Erstellen einer Tabelle für beide Tarife für 2 000 kWh bis 5 000 kWh in Fünfzigerschritten. Die Anzeige soll z. B. so aussehen:
„2 000 kWh   544.92 DM   590.52 DM".

30. a) Erkläre die einzelnen Programmschritte.

```
10 PRINT "    Wertetabelle"
20 PRINT
30 INPUT "Anfangswert für x"; A
40 INPUT "Letzter Wert für x"; L
50 INPUT "Schrittweite"; S
60 FOR X = A TO L STEP S
70 LET Y = 2*X*X − 5*X −4
80 PRINT X, Y
90 NEXT X
100 END
```

b) Stelle Wertetabellen zu selbstgewählten Funktionen auf.

31. Auf welche und auf wieviel Arten kann man 10 Pf durch kleinere Münzen auszahlen (1 Pf, 2 Pf, 5 Pf)?
Die Anzahl der 1-Pf-Stücke sei x, die Anzahl der 2-Pf-Stücke sei y und die Anzahl der 5-Pf-Stücke sei z. Dann sind die Lösungen der Gleichung $x + 2y + 5z = 10$ gesucht, wobei $x, y, z \in \mathbb{N}$ ist.

10 Besondere mathematische Funktionen

1. Für beliebige Divisionsaufgaben soll festgestellt werden, wie oft der Divisor im Dividenden enthalten ist und wie groß der Rest ist.
   Beispiel 32 : 5 = 6 Rest 2
   Im Kopf rechnet man 32 : 5 ≈ 6̲;   6 · 5 = 3̲0̲;   32 − 30 = 2̲
   Allgemein ergibt sich für $a : b$ folgender Rechenweg.
   1) Dividiere $a : b$.
   2) Stelle den ganzzahligen Anteil (vor dem Komma) fest.
   3) Multipliziere diesen ganzzahligen Anteil mit b.
   4) Subtrahiere das Ergebnis von a. Die Differenz ergibt den Rest.
   Wir stellen das Flußdiagramm und das BASIC-Programm gegenüber.

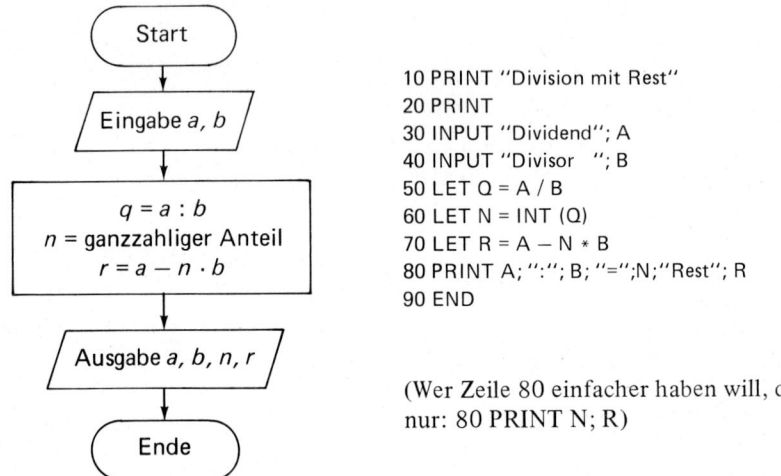

```
10 PRINT "Division mit Rest"
20 PRINT
30 INPUT "Dividend"; A
40 INPUT "Divisor   "; B
50 LET Q = A / B
60 LET N = INT (Q)
70 LET R = A − N * B
80 PRINT A;":";B;"=";N;"Rest"; R
90 END
```

(Wer Zeile 80 einfacher haben will, der tippt nur: 80 PRINT N; R)

Mit **INT(X)** erhält man den ganzzahligen Anteil eines positiven Dezimalbruches.

Man kann also die Nachkommastellen abschneiden. Bei negativen Zahlen zeigen die meisten Rechner die nächstkleinere ganze Zahl an. Will man auch hier einfach die Nachkommastellen abschneiden, so verwendet man die Funktion **FIX(X)**.

Beispiel: Gib folgendes Programm ein.

```
10 LET A = 75.126: LET B = .735: LET C = −13.3
20 PRINT A, INT(A), FIX(A)
30 PRINT B, INT(B), FIX(B)
40 PRINT C, INT(C), FIX(C)
50 END
```

Probelauf
RUN

75.126	75	75
.735	0	0
−13.3	−14	−13

Prüfe die INT-Funktion und die FIX-Funktion an deinem Rechner durch obiges Programm. Lasse es auch für andere Werte von A, B, C laufen.
Hinweis zu Zeile 10: Der Doppelpunkt trennt Befehle.

2. Tippe folgendes Programm ein.

```
10 INPUT A
20 PRINT A, ABS(A)
30 END
```

Lasse dies Programm laufen für 16, −16, −5 und 5.
Mit ABS(X) erhält man den Absolutwert von X, also den Betrag von X.

3. Tippe folgendes Programm ein. (Vorher muß das alte Programm natürlich durch NEW und RETURN-Taste gelöscht werden.)

```
10 INPUT A
20 PRINT A, SQR(A)
30 END
```

Lasse das Programm laufen für 16, 25, 144, −9, 0.
SQR(X) liefert die Quadratwurzel aus einer nichtnegativen Zahl.
SQR ist die Abkürzung von square root (engl.) = Quadratwurzel.
Erkläre die Anzeige bei −9!

4. Bei vielen Aufgaben hast du es bisher sicher vermißt, daß der Computer nicht rundet. Mit Hilfe der INT-Funktion ist das möglich.
Der Computer soll beispielsweise <u>auf 2 Stellen runden</u>, also 21.37 statt 21.3746 oder 21.38 statt 21.375 anzeigen.
Rechnerisch geschieht das so: Man multipliziert mit 100 und bekommt 2137.46 bzw. 2137.5. Man schneidet mit der INT-Funktion die Nachkommastellen ab; das ergibt beide Male 2137. Dividiert man nun durch 100, so erhält man beide Male 21.37.
Die erste Zahl ist richtig <u>abgerundet</u> worden. Aber die zweite Zahl muß <u>aufgerundet</u> werden. Der Rechner hätte das getan, wenn nach der Multiplikation mit 100 eine um 0,5 größere Zahl entstanden wäre. Daher heißt der Befehl zum Runden auf 2 Stellen:

LET A = INT(A * 100 + .5) / 100

a) Prüfe das durch folgendes Programm.

```
10 INPUT A
20 LET A = INT(A * 100 + .5) / 100
30 PRINT A
40 GOTO 10
```

Gib selbstgewählte Dezimalbrüche für A ein. Vorsicht, das Programm enthält eine Endlos-Schleife. Abbrechen kann man durch BREAK oder STOP oder CTRL C oder durch Ausschalten.

b) Tippe folgendes Programm zur Berechnung der Mehrwertsteuer ein.

```
10 INPUT "Rechnungssumme"; R
20 LET M = R * .14
30 LET M = INT (M * 100 + .5)/100
40 LET E = R + M
50 PRINT R, M, E
60 END
```

Erkläre die einzelnen Programmschritte und teste das Programm mit selbstgewählten Rechnungsbeträgen.
(*Anmerkung*: Manche Computer kennen den Befehl PRINT USING, mit dem Zahlen gerundet angegeben werden können. Auf einem solchen Rechner könnte Zeile 30 entfallen, und Zeile 50 müßte heißen:
50 PRINT R,:PRINT USING „###.##"; M, E

Aufgaben

1. Tippe ein und erkläre das Ergebnis:
   PRINT SQR(INT(ABS(−36.8)))
2. Schreibe ein Programm zur Berechnung des Volumens von Quadern und lasse nach der Eingabe von *a, b* und *c* (Dezimalbrüche!) das Volumen auf 3 Stellen nach dem Komma anzeigen (vgl. Textabschnitt 4.).
3. Schreibe ein einfaches Programm, mit dem man von einem Dezimalbruch nur die Nachkommastellen erhält. Beispielsweise soll bei Eingabe von 48.6904 nur .6904 angezeigt werden.
4. Ändere das Programm in Aufgabe 3. so, daß der eingegebene Dezimalbruch, die Vorkommastellen, die Nachkommastellen und der Absolutbetrag nebeneinander angezeigt werden.
5. In jedem rechtwinkligen Dreieck mit den Katheten *a* und *b* sowie der Hypotenuse *c* gilt nach dem Satz von Pythagoras $a^2 + b^2 = c^2$. Schreibe das zugehörige BASIC-Programm. Runde die Ergebnisse auf 1 Stelle nach dem Komma.
6. Ändere das Programm in Aufgabe 5. so, daß die Ergebnisse auf 4 Stellen gerundet werden.
7. Ändere das Programm in Aufgabe 5. so, daß folgender Dialog möglich ist:
   Probelauf

   Satz des Pythagoras
   Ist eine Kathete oder die Hypotenuse gesucht (K/H)? K
   Hypotenuse? 20
   Eine Kathete? 7
   Fehlende Kathete: 18.7

   Noch eine Eingabe (j/n)? n
   ok
8. Schreibe ein Programm, das nach Eingabe von *a, b* und *c* überprüft, ob für diese Eingaben $a^2 + b^2 = c^2$ zutrifft.

9. Gesucht sind pythagoräische Zahlen, z.B. 3, 4, 5 oder 12, 5, 13. Das sind Zahlentripel a, b, c für die gilt $a^2 + b^2 = c^2$.
   Anleitung: Lasse a und b von 1 bis 20 wählen. Arbeite mit 2 FOR-NEXT-Schleifen. Lasse überprüfen, ob c ganzzahlig ist. Es sollen dann a, b und c nebeneinander angezeigt werden.

10. Schreibe ein Programm, mit dem man feststellen kann, ob eine eingegebene Zahl gerade oder ungerade ist.
    Anleitung: Eine gerade Zahl läßt bei Division durch 2 den Rest 0. Das bedeutet, daß der Quotient und der ganzzahlige Anteil von ihm gleich sind.

11. Schreibe ein Programm, mit dem man feststellen kann, ob eine eingegebene Zahl ohne Rest durch 3 teilbar ist. (Beachte Aufgabe 10.)

12. Die reinquadratische Gleichung $5x^2 - 45 = 0$ hat die beiden Lösungen $x_1 = +3$ und $x_2 = -3$. Bestimme die Lösungsmenge von $5x^2 + 45 = 0$.
    Schreibe ein Programm, das für eine reinquadratische Gleichung der Form $ax^2 + c = 0$ nach Eingabe von a und c die Lösungen anzeigt. Wenn die Gleichung keine Lösung hat, so soll angezeigt werden: „Es gibt keine Lösung."

13. Die gemischtquadratische Gleichung $x^2 + px + q = 0$ hat die Lösungen $x = -(p : 2) \pm \sqrt{(p : 2)^2 - q}$, sofern der Radikand (der Term unter der Wurzel) nicht negativ ist.
    a) Schreibe ein Programm, das nach Eingabe von p und q die Lösungen anzeigt. Vor dieser Anzeige muß geprüft werden, ob überhaupt eine Lösung existieren kann.
    b) Zum Test deines Programms kannst du dir zuerst zwei Lösungen x_1 und x_2 wählen. Nach dem Wurzelsatz von Viëta gilt stets $x_1 + x_2 = -p$ und $x_1 \cdot x_2 = q$. Teste dein Programm.

14. Ändere das Programm in Aufgabe 13. so ab, daß Gleichungen der Form $ax^2 + bx + c = 0$ gelöst werden können.

15. Eine Bank bietet Sparbriefe an. Einzahlung mindestens 100 DM; Verzinsung im 1. Jahr 4,5%; im 2. Jahr 5,5%; im 3. Jahr 6,5% und im 4. Jahr 7,5%. Am Ende des 4. Jahres wird das Guthaben mit den Zinseszinsen ausgezahlt.

Beispiel

Zeit	Zu verzinsendes Kapital	Zinsen im laufenden Jahr	Kapital am Jahresende
1. Jahr	1000,00 DM	45,00 DM	1045,00 DM
2. Jahr	1045,00 DM	57,48 DM	1102,48 DM
3. Jahr	1102,00 DM (!)	71,63 DM	1174,11 DM
4. Jahr	1174,00 DM	88,05 DM	1262,16 DM

a) Schreibe ein Programm und überprüfe es anhand des Beispiels. Beachte dabei, daß zur Verzinsung nur ganze DM-Beträge herangezogen werden, verwende daher die INT-Funktion. Die Zinsen werden aber am Jahresende zum gesamten Vorjahresguthaben (DM + Pf) hinzugeschlagen. Denke auch daran, daß du auf 2 Stellen runden mußt.
b) Ändere das Programm so, daß zu den obigen Bedingungen der Endbetrag für eingezahlte 100 DM, 200 DM, ..., 2 000 DM angezeigt wird.

16. Eine Hypothek über 100000 DM wird mit 8% verzinst und mit 1% getilgt. Es werden jährlich 9% von der Hypothekensumme gezahlt. Da die Zinsen im Laufe der Jahre immer geringer werden, werden die Tilgungsbeträge immer höher, wie der Tilgungsplan zeigt.

Jahr	Schuld am Anfang des Jahres	Jährliche Zahlung	Zinsen	Tilgung	Schuld am Ende des Jahres
1	100000 DM	9000 DM	8000 DM	1000 DM	99000 DM
2	99000 DM	9000 DM	7920 DM	1080 DM	97920 DM
3	97920 DM	9000 DM	7833,60 DM	1166,40 DM	96753,60 DM

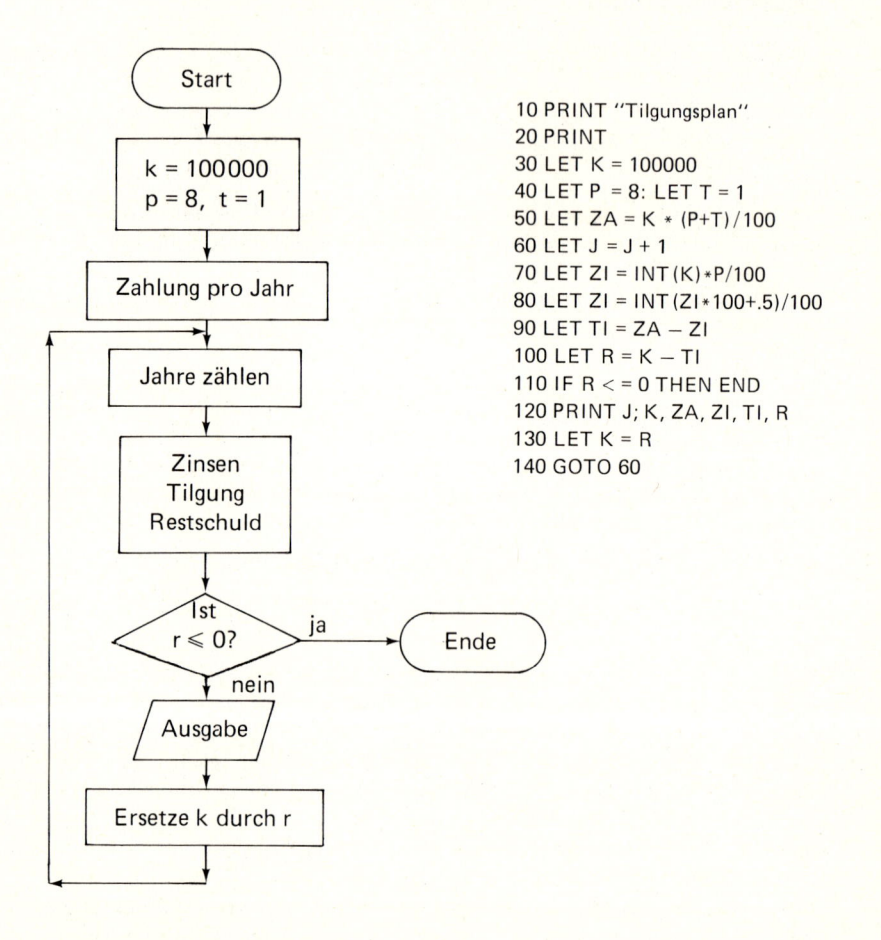

```
10 PRINT "Tilgungsplan"
20 PRINT
30 LET K = 100000
40 LET P = 8: LET T = 1
50 LET ZA = K * (P+T)/100
60 LET J = J + 1
70 LET ZI = INT(K)*P/100
80 LET ZI = INT(ZI*100+.5)/100
90 LET TI = ZA − ZI
100 LET R = K − TI
110 IF R < = 0 THEN END
120 PRINT J; K, ZA, ZI, TI, R
130 LET K = R
140 GOTO 60
```

Ein *Hinweis*: Wenn die Tabelle – Zeile 120 – nicht auf den Bildschirm paßt, dann lasse K und ZA weg.
a) Lasse das Programm laufen. Wieviel Jahre wird getilgt?
b) Ändere das Programm so, daß man die Hypothekensumme K, den Zinssatz für die Zinsen P und den Prozentsatz für die Anfangstilgung T eingeben kann.

11 Schwierige Programme aus der Mathematik

1. Das Erstellen eines schwierigen Programms muß in mehreren Schritten erfolgen, wie du es schon anhand einiger Aufgaben kennengelernt hast.
   I. **Programmanalyse**, evtl. an einem Zahlenbeispiel.
   II. **Entwicklung eines Algorithmus**, d.h. einer Folge von Handlungsanweisungen. Zur besseren Übersicht kann ein **Programmablaufplan** (Flußdiagramm) geschrieben werden.
   III. Übersetzung in ein **BASIC-Programm**.
   IV. **Probelauf**, d.h. eine Überprüfung von Beispielen, die man leicht überschauen kann.
   V. **Verbesserung** des BASIC-Programms (falls nötig).

2. Der Computer soll zu einer eingegebenen Zahl alle Teiler dieser Zahl anzeigen.
   I. *Programmanalyse*: Die eingegebene Zahl muß durch 1, 2, 3, ... dividiert werden. Geht die Division ohne Rest auf, so sind Divisor und Quotient anzuzeigen.
   Beispiele:
   N = 6   6 : 1 = 6;   Teiler 1 und 6
             6 : 2 = 3;   Teiler 2 und 3
             6 : 3 ist überflüssig; jetzt kämen Wiederholungen.
   N = 25   25 : 1 = 25   Teiler 1 und 25
             25 : 2 = 12,5
             25 : 3 = 8,33333...
             25 : 4 = 6,25
             25 : 5 = 5   Teiler 5
             25 : 6 ist überflüssig

   Man braucht nicht durch alle natürlichen Zahlen von 1 bis N zu dividieren, sondern nur von 1 bis $\sqrt{N}$.

   II. *Entwicklung eines Algorithmus*
   Gib N ein.
   Bestimme $\sqrt{N}$.
   Dividiere N durch 1.
   Zeige Teiler 1 und N an.
   Dividiere N durch 2.
   Wenn die Division aufgeht, dann zeige 2 und (N : 2) als Teiler an. Dividiere N durch 3, 4 usw. bis höchstens durch $\sqrt{N}$ und verfahre wie oben.
   Einfacher:
   Gib N ein.
   Solange M $\leq \sqrt{N}$:
   Dividiere N durch M, wobei M = 1, 2, 3, 4, ... ist. Wenn die Division aufgeht, dann zeige M und (N : M) an.

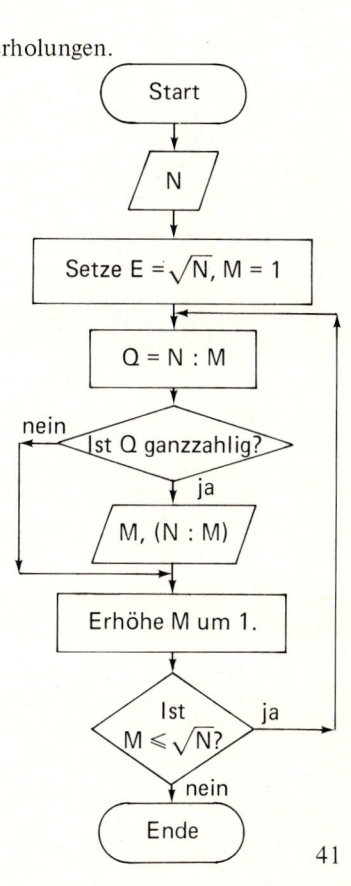

```
Start
  ↓
  N
  ↓
Setze E = √N, M = 1
  ↓
Q = N : M  ←──────┐
  ↓               │
Ist Q ganzzahlig? ─nein─┤
  ↓ ja            │
M, (N : M)        │
  ↓               │
Erhöhe M um 1.    │
  ↓               │
Ist M ≤ √N? ─ja───┘
  ↓ nein
 Ende
```

III. BASIC-Programm

```
10 PRINT "Alle Teiler einer Zahl"
20 INPUT "Von welcher Zahl sollen die Teiler bestimmt werden"; N
30 LET E = SQR (N)
40 LET M = 1
50 LET Q = N / M
60 IF INT (Q) <> Q THEN 80
70 PRINT M; Q;
80 LET M = M + 1
90 IF M <= E THEN 50
100 END
```

IV. Probeläufe

RUN	RUN	RUN
? 6	? 7	? 9
1 6 2 3	1 7	1 9 3 3

V. Verbesserung

Bei den Teilern von 9 wird die 3 zweimal angezeigt. Das geschieht immer, wenn der Divisor und der Quotient gleich sind, wenn also M = Q ist. – Bei welchen besonderen Zahlen ist das der Fall?
Füge in dein Programm ein und wiederhole die Probeläufe:

```
65 IF M = Q THEN PRINT M: GOTO 80
```

Eine Verkürzung des Programms ist möglich, wenn man eine FOR-NEXT-Schleife verwendet. Schreibe dazu neu:

```
40 FOR M = 1 TO E
80 NEXT M
90               RETURN-Taste betätigen, weil Zeile 90 gelöscht werden
                 soll. Wiederhole die Probeläufe.
```

Aufgaben

1. a) Verändere das obige Programm so, daß am Ende auch die Anzahl der Teiler angezeigt wird. Führe dazu eine Zählvariable Z ein und setze zunächst Z auf 0. In den Zeilen, in denen Teiler angezeigt werden, muß Z um 1 oder aber um 2 erhöht werden, je nachdem, wieviel Teiler hinzukommen.

   b) Baue am Schluß eine Abfrage ein, ob eine weitere Eingabe erfolgen soll.

2. Verändere das Programm von Aufgabe 1. so, daß auch angezeigt wird: „N ist eine Primzahl." oder „N ist keine Primzahl." Beachte, daß eine natürliche Zahl eine Primzahl ist, wenn sie genau 2 Teiler hat, nämlich 1 und sich selbst.

3. Schreibe ein Programm, mit dem geprüft werden kann, ob eine von zwei Zahlen Teiler der anderen Zahl ist.

4. Das folgende Programm gibt bei der Division zweier Zahlen die einzelnen Ziffern an. Gib es ein und lasse es für selbstgewählte Zahlen laufen. Brich es jeweils mit BREAK oder STOP ab, wenn die Division abbricht oder wenn die Periode erkennbar ist.

```
10 INPUT A,B
20 PRINT INT(A/B); ",";
30 LET A = (A − INT(A/B)*B)*10
40 IF A = 0 THEN 70
50 PRINT INT(A/B);
60 GOTO 30
70 END
```

5. Es ist der größte gemeinsame Teiler (ggT) zweier Zahlen A und B gesucht. A und B müssen natürliche Zahlen ungleich 0 sein. A soll größer als B sein.

Beispiel:
A = 36,   B = 27
36 : 27 = 1 Rest 9
27 : 9 = 3 Rest 0

Der ggT von 36 und 27 ist 9.

Allgemein: Gib A und B ein (s.o.). Ermittle den Rest R bei der Division A : B. Ist der Rest gleich 0, so lautet das Ergebnis B. Ist R ungleich 0, so ersetze A durch B und B durch R.
Dividiere wieder und ermittle den Rest. Ist der Rest gleich 0, ... (s.o.). Das ist der Euklidische Algorithmus.

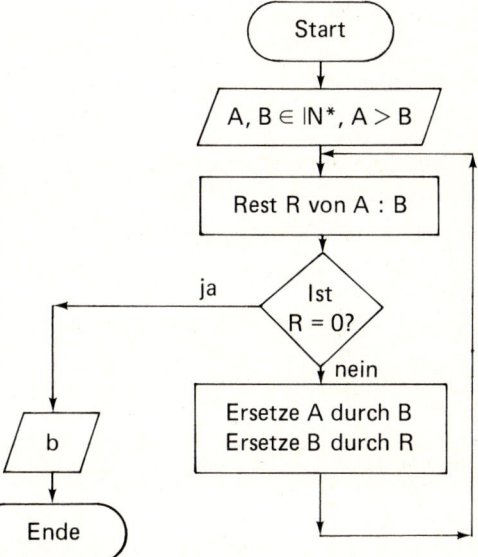

Schreibe ein BASIC-Programm und bestimme damit den ggT selbstgewählter Zahlen.

6. Hier siehst du das Listing eines anderen Programms zur Berechnung des ggT zweier Zahlen.

```
10 PRINT "Gib die beiden Zahlen ein, deren ggT gesucht ist."
20 INPUT A, B
30 LET C = A: LET D = B
40 LET X = ABS(A−B)
50 IF X = 0 THEN 80
60 LET A = B: LET B = X
70 GOTO 40
80 PRINT "Der ggT von"; C; "und"; D; "ist"; B; "."
90 END
```

Hinweis zu Zeile 30: Die einzugebenden Zahlen sollen in je zwei Speichern abgelegt werden. Weil A und B im Laufe des Programms neue Werte annehmen (Zeile 60), stehen sie nicht mehr für die Anzeige in Zeile 80 zur Verfügung.

Zum besseren Durchschauen des Programms mögen zwei **Beispiele** dienen.

Bestimme den ggT von 12 und 6.   Bestimme den ggT von 32 und 24.

12 − 6 = 6   32 − 24 = 8
6 − 6 = 0   24 − 8 = 16
Der ggT von 12 und 6 ist 6.   16 − 8 = 8
                   8 − 8 = 0
                   Der ggT von 32 und 24 ist 8.

a) Bestimme den ggT selbstgewählter Zahlen.
b) Warum steht in Zeile 40 die Absolut-Funktion ABS?
c) Beschreibe das obige Programm in Worten.
d) Ersetze Zeile 30 durch:

```
30 PRINT "Der ggT von"; A; "und"; B; "ist";
80 PRINT B
```

Lasse das Programm laufen. Erkläre.

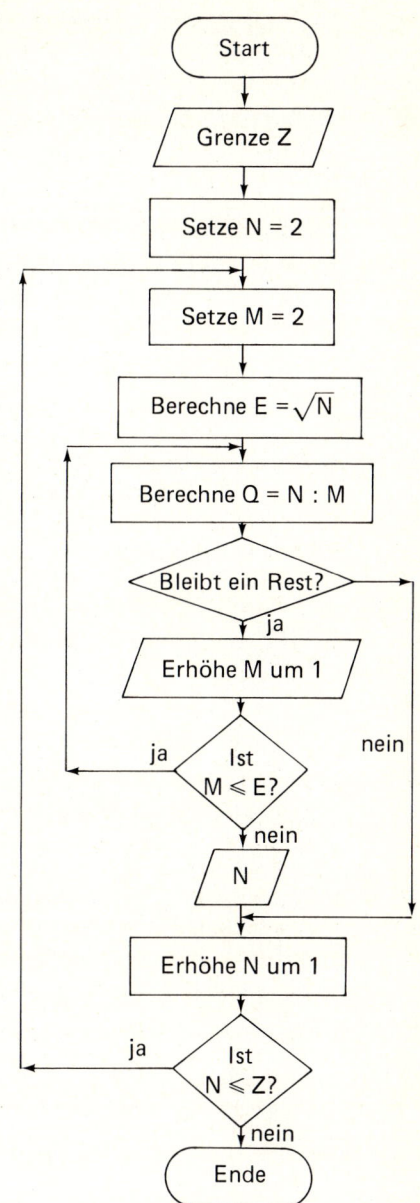

7. Der Computer soll die Primzahlen bis zu einer gegebenen Grenze Z anzeigen. Primzahlen sind natürliche Zahlen, die nur durch 1 und durch sich selbst teilbar sind.

Beispiele: Sind 23 und 21 Primzahlen?
23 : 2 = 11,5   21 : 2 = 10,5
23 : 3 = 7,666... 21 : 3 = 7 (Rest 0)
23 : 4 = 5,75   Keine Primzahl
Primzahl (23 : 5) braucht nicht mehr überprüft zu werden, da $5 > \sqrt{23}$. Ginge die Division auf, so hätte man vorher schon einen kleineren Teiler gefunden!

a) Schreibe ein BASIC-Programm und probiere es aus. Zur Kontrolle: Die ersten Primzahlen sind 2, 3, 5, 7, 11, 13, 17, 19, 23, 29, 31, 37, 41, 43, 47.
b) Verkürze das Programm, indem du FOR-NEXT-Schleifen einbaust.
c) Lasse folgendes Programm zur Berechnung von Primzahlen laufen. Erkläre die einzelnen Programmschritte. Achte darauf, ob es schneller arbeitet als die Programme in a) und b).

```
10 INPUT "Bis zu welcher Grenze sollen
         Primzahlen angezeigt
         werden"; Z
20 PRINT "2 3";
30 FOR N = 5 TO Z STEP 2
40 LET E = SQR (N)
50     FOR M = 3 TO E STEP 2
60         LET Q = N / M
70         IF INT (Q) = Q THEN 100
80     NEXT M
90 PRINT N;
100 NEXT N
110 END
```

8. Mit dem folgenden Programm werden zusammengesetzte Zahlen in ihre Primfaktoren zerlegt.
   Es soll also beispielsweise angezeigt werden 45 = 3 * 3 * 5.
   Im Kopf könnte man diese Aufgabe so lösen:

45 : 2 = 22,5	Die Division durch 2 geht nicht auf, 2 ist kein Primfaktor.
45 : 3 = 15	3 ist ein Primfaktor.
15 : 3 = 5	3 ist ein zweiter Primfaktor.
5 : 3 = 1,666...	
5 : 4 = 1,25	(Die Division durch 4 ist eigentlich unnötig!)
5 : 5 = 1	5 ist ein Primfaktor.

   ```
   10 CLS
   20 INPUT "Welche Zahl soll in ihre Primfaktoren zerlegt werden"; N
   30 LET M = 2
   40 LET E = N / M
   50 IF INT(E) = E THEN PRINT M; "*";: GOTO 110
   60 LET M = M + 1
   70 IF M <= N THEN 40
   80 PRINT: PRINT: INPUT "Eine neue Zerlegung (j/n)"; A$
   90 IF A$ = "j" THEN 10
   100 END
   110 LET N = E
   120 GOTO 40
   ```

   a) Erkläre die einzelnen Programmschritte.
   Eine Hilfe zur Erklärung: Neu ist der Befehl CLS = clear screen (engl.) = Lösche den Bildschirm. Bisher haben wir den Bildschirm mit SHIFT CLEAR HOME gelöscht. Innerhalb eines Programms aber wird dieser Befehl nicht angenommen, stattdessen CLS. Manche Computer verlangen statt CLS einen anderen Befehl – im Handbuch nachlesen –, z.B. PRINT „SHIFT CLEAR HOME".
   Der END-Befehl muß nicht am Ende stehen, wenn durch eine Sprunganweisung zu den folgenden Programmschritten verwiesen wird.

   b) Verkürze das Programm etwas, indem du eine FOR-NEXT-Schleife einbaust.

   c) Vergrößere die Geschwindigkeit des Programmablaufs, indem du zuerst durch 2, danach nur durch ungerade Zahlen dividierst.

   d) Führe eine Zählvariable Z ein und gib am Ende die Anzahl der Primfaktoren an.

9. Das Programm in Aufgabe 8. hat einen Schönheitsfehler, weil ein Malzeichen zu viel angezeigt wird.
   Man kann diesen Fehler beseitigen, indem man an geeigneter Stelle eine „Flagge" setzt, die dem Computer angibt, ob er das Malzeichen anzeigen soll oder nicht.

```
10 CLS
20 INPUT "Welche Zahl soll in ihre Primfaktoren zerlegt werden"; N
30 LET M = 2
40 LET F = 0
50 LET E = N / M
60 IF INT(E) = E AND F = 0 THEN PRINT N; "="; M;: GOTO 130
70 IF INT(E) = E AND F = 1 THEN PRINT "*";M;: GOTO 130
80 LET M = M + 1
90 IF M <= N THEN 50
100 PRINT: PRINT: INPUT "Eine neue Zerlegung (j/n)"; A$
110 IF A$ = "j" THEN 10
120 END
130 LET N = E
140 LET F = 1
150 GOTO 50
```

Zur Erklärung der **Flaggen** in Zeile 40 und 140: Zunächst wird irgendeine „Flagge" (ein „Signal") gesetzt. Die Variable dafür und auch die zu wählende Zahl sind beliebig. Wenn das Programm den ersten Primfaktor anzeigen soll, dann soll vor diesem Faktor kein Malzeichen stehen (Zeile 60).
Nach dem Anzeigen des ersten Primfaktors muß die Flagge geändert werden (Zeile 140), damit beim nächsten Durchgang Malzeichen und Primfaktor angezeigt werden können (Zeile 70).

a) Lasse das Programm für selbstgewählte Zahlen laufen.

b) Warum läuft es beispielsweise bei Eingabe der Zahl 143 länger als bei Eingabe von 144?

10. Zwischen dem Produkt zweier Zahlen und ihrem ggT und kgV (kleinstes gemeinsames Vielfaches) besteht folgender Zusammenhang: $a \cdot b = \text{ggT}(a, b) \cdot \text{kgV}(a, b)$. Beispielsweise gilt $32 \cdot 24 = 8 \cdot 96$. Verändere das Programm von Aufgabe 5. so, daß nach der Anzeige des ggT auch das kgV auf dem Bildschirm angezeigt wird.

11. Der Computer soll die Quersumme aus einer beliebigen Zahl bestimmen.
    Beispiel: Die Quersumme von 41827 beträgt $7 + 2 + 8 + 1 + 4 = 22$. Der Rechner muß die einzelnen Ziffern herausfinden und addieren. Dazu muß er zunächst die letzte Ziffer ermitteln und dann vom Rest der Zahl abtrennen. Vom vorderen Teil der Zahl (jetzt 4182) muß wieder die letzte Ziffer ermittelt, zur bisherigen Summe addiert und dann abgetrennt werden. Das geht so lange, bis keine Ziffern mehr vorhanden sind.

    a) Durch welche BASIC-Anweisungen läßt sich die letzte Ziffer einer Zahl bestimmen?

    b) Gib folgendes Programm ein und probiere es aus.

```
10 INPUT "Gib eine Zahl ein! ", Z
20 PRINT "Die Quersumme von "; Z; "ist";
30 LET S = 0                        (Die Summe ist anfangs gleich 0)
40 LET Q = INT (Z/10)               (Quotient aus der Zahl und 10)
50 LET L = Z – 10*Q                 (Letzte Ziffer!)
60 LET S = S + L                    (Die Ziffer wird zu S addiert.)
70 LET Z = Q                        (Die Zahl wird durch Q ersetzt.)
80 IF Z <> 0 THEN 40
90 PRINT S
100 END
```

Probelauf
RUN
Gib eine Zahl ein! 41827
Die Quersumme von 41827 ist 22
Hinweis zu Zeile 10: Das <u>Komma</u> in der INPUT-Zeile unterdrückt das Fragezeichen. Es empfiehlt sich, eine Leerstelle zu tippen.

12. Oft ist die <u>letzte Quersumme</u> gesucht. Im Beispiel von Aufgabe 11. beträgt die letzte Quersumme 2 + 2 = 4. Sie ist stets kleiner oder gleich 9.
    Ergänze dazu hinter Zeile 80 eine Schleife mit folgender Wirkung: Wenn S größer als 9 ist, dann muß die Quersumme von S bestimmt werden.

13. Ein bekanntes Spiel ist „Siebener raus!" Man zählt (möglichst schnell), darf aber keine Zahl nennen, die durch 7 teilbar ist oder eine 7 als Ziffer enthält.

    a) Gib folgendes Programm ein und teste es.

```
10 CLS
20 PRINT "            Siebener raus! "
30 PRINT
40 INPUT "Bis zu welcher Zahl soll ich zählen"; Z
50 PRINT
60 FOR N = 1 TO Z
70 LET M = N
80 IF M/7 = INT (M/7) THEN 150
90 LET Q = INT (M/10)
100 LET X = M – 10*Q
110 IF X = 7 THEN 150
120 LET M = Q
130 IF M <> 0 THEN 90
140 PRINT N;
150 NEXT N
160 END
```

Probelauf
RUN
? 50
1 2 3 4 5 6 8 9 10 11 12 13 15 16 18 19 20 22 23 24 25 26 29 30 31 32 33 34 36 38 39 40 41 43 44 45 46 48 50

b) Welche Zahlen werden durch Zeile 80 ausgesondert?
Durch welche Anweisungen werden die Ziffern „7" ausgeschieden?
Wann ist M = 0 (Zeile 130)?

c) Welche Bedeutung haben die Leerzeichen (blanks) in Zeile 20?

14. Ändere das Programm in „Neuner raus!"

15. Ändere das Programm in „Siebener und Neuner raus!"

16. Computer können mit Hilfe der eingebauten Funktionen keine Bruchrechenaufgaben lösen. Aber man kann die gesamte <u>Bruchrechnung</u> programmieren. Wir beginnen mit der Addition und der Multiplikation.

a) Mache dir den Rechenweg für die Addition zweier Brüche klar, z. B. für 2/3 + 4/5 (der Einfachheit halber wird hier ein Schrägstrich gesetzt), dann allgemein für A/B + C/D.
Daraus ergibt sich folgender Programmablauf:
1. Eingabe: 1. Zähler (A), 1. Nenner (B), 2. Zähler (C), 2. Nenner (D).
2. Abfrage, ob Addition oder Multiplikation erfolgen soll.
3. Wenn Addition, dann weiter in 4., wenn Multiplikation, dann 6.
4. Berechne Z = A*D + B*C und N = B*D.
5. Kürze mit dem ggT und zeige das Ergebnis an.
6. Berechne Z = A*C und N = B*D.
7. Kürze mit dem ggT und zeige das Ergebnis an.
8. Ende

Bei der Ergebnisanzeige ist zu beachten, daß eine gemischte oder eine ganze Zahl oder ein echter Bruch entstehen kann.

b) Diese Überlegungen führen zu folgendem Programm.

```
10 REM    Bruchrechnung: Addition und Multiplikation
20 CLS
30 PRINT
40 INPUT "1. Zähler, 1. Nenner"; A, B
50 INPUT "2. Zähler, 2. Nenner"; C, D
60 PRINT
70 INPUT "Addition = a, Multiplikation = m"; X$
80 PRINT
90 IF X$ = "m" THEN 170
100 PRINT A; "/"; B; "+"; C; "/"; D; "=";
110 LET Z = A*D + B*C
120 LET N = B*D
130 GOTO 300
```

```
140 PRINT A; "/"; B; "*"; C; "/"; D; "=";
150 LET Z = A * C
160 LET N = B * D
300 REM Berechnung des ggT
310 IF Z < N THEN LET L = Z: LET K = N: GOTO 330
320 LET K = Z: LET L = N
330 LET Q = K/L
340 LET R = K - INT(Q)*L
350 IF R = 0 THEN LET T = L: GOTO 390
360 LET K = L
370 LET L = R
380 GOTO 330
390 LET Z1 = Z/T
400 LET N1 = N/T
410 REM     Liegt eine natürliche oder eine gemischte Zahl vor?
420 IF Z1/N1 = INT(Z1/N1) THEN PRINT Z1/N1: GOTO 490
430 IF Z1 < N1 THEN 480
440 LET U = Z1/N1
450 LET V = INT(U)
460 LET W = Z1 - V*N1
470 PRINT V; "/"; W; "/"; N1: GOTO 490
480 PRINT Z1; "/"; N1
490 END
```

Hinweise:

Mit REM (remark = Bemerkung) kann man Erläuterungen ins Programm aufnehmen. Sie haben keinen Einfluß auf den Programmablauf und erscheinen nur im Listing.

Statt REM genügt auf den meisten Computern ein Apostroph ('). Bei manchen Rechnern muß man die Erläuterung in Anführungszeichen setzen, z.B.
... REM „Eingabe".

Die ins Programm eingestreuten REM-Zeilen sollen das Verständnis erleichtern. Gib das Programm ein und teste es.

17. Erweitere das Programm in Aufgabe 16. so, daß man auch subtrahieren und dividieren kann.

18. Erweitere das Programm in Aufgabe 17. so, daß gemischte Zahlen eingegeben werden können. Ein Tip: Wandle gemischte Zahlen zuerst in unechte Brüche um.

12 Zufallszahlen

1. Gib folgendes Programm ein.

```
10 FOR N = 1 TO 6
20 PRINT RND
30 NEXT N
40 END
```

Der Probelauf könnte beispielsweise so ablaufen.
RUN
.59521943994623
.10658628050158
.76597651772823
.57756392935958
.73474759503023
.18426812909758

Anmerkungen:
1) Manche Rechner verlangen in Zeile 20 den Befehl RND(0) oder RND(1). Die Zahl in der Klammer ist nicht wesentlich.
2) Der Probelauf stammt von einem „alphatronic PC". Andere Rechner liefern andere Zahlen, die meisten zeigen weniger Stellen an.
   Mit dem Befehl RND – oder RND(N) – werden Zufallszahlen zwischen 0 und 1 erzeugt (random (engl.) = Zufall). Die einzelnen Ziffern folgen regellos oder zufällig aufeinander. Jede Ziffer muß (annähernd) gleich häufig auftreten.

2. Lasse das obige Programm noch einmal laufen. Du bekommst dieselben Zahlen wie beim ersten Mal. Der Computer berechnet nämlich bei jedem Durchlauf dieselben Zufallszahlen.
Meistens braucht man aber bei einem neuen Start des Programms eine andere Folge von Zufallszahlen. Das erreicht man auf den meisten Rechnern, indem man am Anfang des Programms den Befehl RANDOMIZE eingibt.
Ergänze das obige Programm durch die Zeile

```
5 RANDOMIZE
```

und lasse es mehrmals laufen.

Anmerkung: Viele Computer verlangen nach RANDOMIZE die Eingabe einer beliebigen Zahl (innerhalb bestimmter Grenzen). Der alphatronic PC beispielsweise antwortet auf RANDOMIZE mit der Aufforderung „Random number seed (−32768 to 32767)?". Gibt man nichts ein, so behandelt er das wie die Eingabe einer Null.

3. Das folgende Programm erlaubt es, das Werfen einer idealen Münze zu simulieren.

a) Gib es ein und lasse es laufen.

```
10 PRINT "Münzwurf"
20 RANDOMIZE
30 INPUT "Wieviel Würfe sollen simuliert werden"; N
40 FOR K = 1 TO N
50 LET A = RND
60 LET B = A * 2
70 LET C = INT(B)
80 LET D = C+1
90 IF D = 1 THEN PRINT "W ";: GOTO 110
100 PRINT "Z ";
110 NEXT K
120 END
```

Anmerkungen: In Zeile 50 wird eine Zufallszahl erzeugt und in Speicher A abgelegt.
In Zeile 60 wird mit 2 multipliziert. Dadurch wird das Intervall zwischen 0 und 1 auf ein Intervall zwischen 0 und 2 gespreizt. In Zeile 70 wird der ganzzahlige Anteil bestimmt. Das ergibt eine Null oder eine Eins.
In Zeile 80 wird zu dem in C gespeicherten Ergebnis noch 1 addiert, so daß man eine Eins oder Zwei bekommt. (Das wäre hier nicht nötig, aber bei manchen folgenden Aufgaben!)
In Zeile 90 wird im Falle einer 1 ein „W" für Wappen angezeigt.
In Zeile 100 wird sonst – also im Falle einer 2 – ein „Z" für Zahl angezeigt.
Sollten dir diese Ausführungen nicht ganz genügen, so füge ein:

```
85 PRINT A; B; C; D
```

b) Die Befehle in Zeile 50 bis 80 lassen sich in einem Befehl zusammenfassen. Versuche das und teste das Programm.

c) Statt der Befehle in Zeile 50 bis 80 könnte man „W" bzw. „Z" auch anders ermitteln lassen, z.B. „W" bei Zufallszahlen < 0,5.

4. Bei der Simulation des Münzwurfs möchte man wissen, wie oft Wappen oder Zahl erschienen ist. Einfacher als selbst zu zählen ist es, den Computer zählen zu lassen. Dazu führt man eine Zählvariable ein, z.B. HW für die Häufigkeit von Wappen und HZ für die Häufigkeit von Zahl.

a) Ändere die Zahlen 90 und 100 wie folgt ab:

```
90 IF D = 1 THEN PRINT "W ";: LET HW = HW + 1: GOTO 110
100 PRINT "Z ";: LET HZ = HZ + 1
```

Füge außerdem ein:

```
115 PRINT: PRINT "Wappen:"; HW, "Zahl:"; HZ
```

Lasse das veränderte Programm laufen und teste es. Treten Wappen und Zahl annähernd gleich häufig auf?

b) Verkürze das Programm in a), indem du nur mit der Häufigkeit von Wappen arbeitest und die Häufigkeit für Zahl daraus errechnen läßt.

c) Zum Vergleichen ist die prozentuale relative Häufigkeit besonders geeignet. Lasse die beiden Häufigkeiten in Prozent der Gesamtzahl der Würfe anzeigen.

d) Verbessere das Programm in c), indem du die Prozentsätze auf eine Stelle hinter dem Komma anzeigen läßt.

Aufgaben

1. Auch das Werfen eines idealen Würfels läßt sich mit Hilfe von Zufallszahlen simulieren. Durch den Befehl INT(RND∗6) bekäme man die Zahlen 0, 1, 2, 3, 4 und 5.
   a) Probiere das aus, indem du folgendes Programm eingibst:

   ```
   10 RANDOMIZE
   20 FOR N = 1 TO 10
   30 LET  A = RND
   40 LET  B = A * 6
   50 LET  C = INT(B)
   60 PRINT A; B; C
   70 NEXT N
   80 END
   ```

   b) Schreibe ein Programm, mit dem man das Würfeln simulieren kann.

2. Es wäre vorteilhaft, wenn der Computer die Häufigkeit der Augenzahlen 1 bis 6 selbst feststellen könnte. Dazu müßte das Programm von Aufgabe 1.b) erweitert werden:

   ```
   10 RANDOMIZE
   20 INPUT "Wieviel Würfe sollen simuliert werden"; N
   30 FOR K = 1 TO N
   40 LET  Z = INT(RND*6)+1
   50 IF Z = 1 THEN LET A = A+1: GOTO 110
   60 IF Z = 2 THEN LET B = B+1: GOTO 110
   70 IF Z = 3 THEN LET C = C+1: GOTO 110
   80 IF Z = 4 THEN LET D = D+1: GOTO 110
   90 IF Z = 5 THEN LET E = E+1: GOTO 110
   100 IF Z = 6 THEN LET F = F+1
   110 PRINT Z;
   120 NEXT K
   130 PRINT: PRINT
   140 PRINT "Häufigkeiten für die Augenzahlen 1, 2, 3, 4, 5, 6"
   150 PRINT A; B; C; D; E; F
   160 END
   ```

a) Gib das Programm ein und teste es. Lasse die Zahl der Würfe immer größer werden.
b) Was geschieht in den Zeilen 50 bis 100?
c) Dürfte der IF-THEN-Befehl in Zeile 100 entfallen?
d) Dürften die GOTO-Anweisungen in Zeile 50 bis 90 entfallen?
e) Wie könnte man die Häufigkeit für das Auftreten der Augenzahl 6 ohne die Rechnung in Zeile 100 erhalten?

3. Der Programmteil zur Ermittlung der einzelnen Häufigkeiten in Aufgabe 2. ist sehr umständlich, weil 6 Variable nötig sind. Viel einfacher wird das Programm, wenn man mit sogenannten Feldern arbeitet.
Ein **Feld** (Bereich; engl. array) ist eine endliche Folge von Speicherplätzen. Zum Beispiel bilden A(1), A(2), A(3), A(4), A(5) und A(6) ein Feld, in dem 6 Zahlen gespeichert werden können.

| A(1) | A(2) | A(3) | A(4) | A(5) | A(6) |

Dies ist ein Feld.
Verwechsle A(1) – lies „A von eins" – nicht mit A1 – lies „A eins"!
Zwischen den Klammern darf auch eine Laufvariable stehen, z.B. A(K). Man erhält dann das ganze Feld mit der Befehlskette

FOR K = 1 TO N: PRINT A(K): NEXT K

a) Ersetze im Programm von Aufgabe 2. die Zeilen 50 bis 100 durch die neue Zeile

50 LET H(Z) = H(Z) + 1

Ändere Zeile 150 wie folgt:

150 FOR K = 1 TO 6: PRINT H(K);: NEXT K

Teste das Programm.
b) Statt Zeile 150 könnten drei Zeilen geschrieben werden. Wie würden sie lauten?
c) Verändere das Programm in a) so, daß die relativen Häufigkeiten der einzelnen Augenzahlen in Prozent angezeigt werden. Runde auf eine Stelle hinter dem Komma. Im Idealfalle sollten jeweils 16,7% angezeigt werden. Begründe.

4. Beim Zahlenlotto (samstags) werden 6 Kugeln aus 49 gezogen. Auch dieser Vorgang läßt sich mit Zufallszahlen simulieren.
a) Gib folgendes Programm ein und lasse es mehrmals laufen.

```
10 RANDOMIZE
20 FOR K = 1 TO 6
30 LET Z = INT(RND*49)+1
40 PRINT Z;
50 NEXT K
60 END
```

b) Was müßte man ändern, um das Mittwochslotto (7 aus 38) zu simulieren?
c) Ergänze das Programm in a): Frage zunächst nach der Anzahl der Ziehungen und lasse dann eben diese Anzahl von Ziehungen simulieren.
d) Bei unserem Lottoprogramm kann eine Zahl doppelt vorkommen, in Wirklichkeit aber nicht. Gib folgendes Programm ein und stelle fest, ob noch Wiederholungen auftreten.

```
10 RANDOMIZE
20 INPUT "Wieviel Ziehungen sollen erfolgen"; N
30 FOR L = 1 TO N
40      FOR K = 1 TO 6
50      LET Z(K) = INT(RND*49)+1
60          FOR M = 1 TO K−1
70          IF Z(M) <> Z(K) THEN 100
80          LET Z(K) = INT(RND*49)+1
90          GOTO 60
100         NEXT M
110     PRINT Z(K);
120     NEXT K
130 PRINT
140 NEXT L
150 END
```

e) Erkläre, was in der innersten FOR-NEXT-Schleife in d) geschieht.
f) Simuliere 20 Ziehungen und bestimme daraus näherungsweise die Wahrscheinlichkeit, daß mindestens zwei benachbarte Zahlen (z.B. 23, 24) auftreten.
g) Simuliere 20 Ziehungen und bestimme daraus näherungsweise die Wahrscheinlichkeit, daß mindestens drei Zahlen mit demselben Zehner (z.B. 30, 36, 39) erscheinen.
h) Schreibe ein neues Programm zum Simulieren des Zahlenlottos „6 aus 49". Arbeite dazu mit den zweistelligen Zufallszahlen 01, 02, bis 49. Bei 51 bis 99 läßt sich jeweils 50 subtrahieren, so daß beispielsweise die 51 der Zahl 1 entspricht. Die Zahl 50 darf nicht berücksichtigt werden.

5. a) Entwirf ein Programm zum Zahlenraten. Folgende Bildschirmanzeige wäre denkbar:

Rate eine Zahl von 1 bis 99!

Welche Zahl wählst du? 34
Deine Zahl ist zu niedrig.

Welche Zahl wählst du? 65
Deine Zahl ist zu hoch.

Welche Zahl wählst du? 53
Richtig!

b) Lasse die Rateversuche zählen und am Schluß anzeigen. (Eventuell kannst du kommentieren, ob das Ergebnis gut oder schlecht war.)
c) Ändere das Programm zum Raten von Zahlen von 1 bis 999.

6. a) Gib folgendes verbessertes Programm zum Zahlenraten ein und lasse es laufen. Viel Spaß! (N ist die niedrigste Zahl, H die höchste).

```
10 CLS
20 RANDOMIZE
30 PRINT "Ich habe mir eine Zahl ausgedacht."
40 PRINT "Sie liegt zwischen 1 und 999."
50 PRINT "Versuche, sie zu raten."
60 LET M = 0: LET N = 1: LET H = 999
70 LET R = INT(RND*999)+ 1
80 PRINT
90 INPUT "Welche Zahl wählst du"; Z
100 LET M = M + 1
110 IF Z < 1 OR Z > 999 THEN 90
120 IF Z = R THEN 180
130 IF Z < R THEN LET N = Z: GOTO 150
140 LET H = Z
150 PRINT "Die gesuchte Zahl liegt zwischen"; N; "und"; H
160 PRINT
170 GOTO 90
180 PRINT "        Gratulation!
190 PRINT
200 PRINT "Du hast"; M; "Versuche gebraucht, um"; R; "zu raten."
210 INPUT "Noch ein Spiel";X$
220 IF X$ = "j" THEN 10
230 END
```

b) Wo werden im Programm Leerzeilen erzeugt?
c) Zeile 110 dürfte entfallen. Wozu ist sie dennoch gut?
d) Was geschieht durch LET N = Z in Zeile 130 und durch LET H = Z in Zeile 140?
e) M ist eine Zählvariable. Anfangs ist sie selbstverständlich auf 0 gesetzt. Warum muß in Zeile 60 trotzdem M = 0 stehen? Wenn du keine Antwort weißt, dann lösche in Zeile 60 den ersten Befehl und lasse das Programm mindestens mit 2 Spielen laufen.

7. Beim Werfen mit zwei Würfeln sind die Augensummen 2 bis 12 möglich. Schreibe ein Programm zur Feststellung der relativen Häufigkeiten (in Prozent) dieser Augensummen.

8. Bei dem Spiel „Kniffel" muß man gleichzeitig mit 5 Würfeln spielen. Schreibe ein Programm, das die Summe der Augenzahlen von 5 gleichzeitig geworfenen Würfeln anzeigt.

9. Eine Ampel an einer Straßenkreuzung ist so geschaltet, daß in jeder Ampelperiode in einer Richtung höchstens 6 Fahrzeuge durchfahren können. Aus Verkehrszählungen ist bekannt, daß in 5% der Perioden kein Fahrzeug, in 5% 1 Fahrzeug, in 20% 3 Fahrzeuge, in 40% 6 Fahrzeuge und in 30% 9 Fahrzeuge ankommen. Zur Lösung der Frage, ob die Ampel günstig geschaltet ist, kann man zweistellige Zufallszahlen verwenden.

Ankommende Fahrzeuge	0	1	3	6	9
Ampelperioden (%)	5	5	20	40	30
Zufallszahlen	01 bis 05	06 bis 10	11 bis 30	31 bis 70	71 bis 100

a) Schreibe ein Programm zur Erarbeitung folgender Tabelle.

Ampel-periode	Ankommende Fahrzeuge	Fahrzeuge insgesamt	Durchfahrende Fahrzeuge	Nicht durchfahrende Fahrzeuge

b) Wieviel Fahrzeuge müssen durchschnittlich mindestens eine Grünphase abwarten?

10. Die Ampel in Aufgabe 9. wird so geschaltet, daß höchstens 8 Fahrzeuge während einer Ampelperiode durchfahren können.
    a) Simuliere mit Zufallszahlen.
    b) Berechne den Mittelwert der nicht durchfahrenden Fahrzeuge und vergleiche mit dem Ergebnis von Aufgabe 9.

11. a) Wie läßt sich das Zufallsexperiment „Wurf mit 3 unterscheidbaren Münzen" durch Zufallszahlen simulieren? Schreibe ein Programm.
    b) Bestimme für die Ereignisse „keine Zahl" und „dreimal Zahl" die relative Häufigkeit.

12. In einer Klasse mit 24 Schülern stellt sich heraus, daß 2 Schüler am gleichen Tage Geburtstag haben. Die meisten Schüler halten das für einen ganz ungewöhnlichen Zufall.
    Simuliere mit Zufallszahlen. Ein Tip: Denke dir das Jahr von 1 bis 365 durchnumeriert. Arbeite mit den dreistelligen Zufallszahlen 001 bis 365 und 501 bis 865. Andere Zahlen werden nicht berücksichtigt.

13. a) Das Programm simuliert vereinfacht das Nim-Spiel. Alle wichtigen Informationen kannst du dem Listing entnehmen. Gib das Programm ein und spiele mehrmals.

```
10 RANDOMIZE
20 CLS
30 PRINT " Wer nimmt den letzten Zettel?"
40 PRINT
50 PRINT "In diesem Spiel liegen (scheinbar) 23 Zettel auf einem"
60 PRINT "Haufen. Du und ich nehmen abwechselnd einen bis 3 Zettel"
70 PRINT "davon ab. Wer den letzten nimmt, hat verloren."
80 PRINT
90 PRINT "Um zu bestimmen, wer anfängt, werfe ich eine Münze."
100 PRINT "Wenn Zahl oben liegt, dann fange ich an und gewinne."
110 PRINT: INPUT "Bist du bereit (j/n)"; X$
120 IF X$ <> "j" THEN 110
130 PRINT
140 LET N = 23
150 LET A = INT(RND*2)
160 IF A = 0 THEN 200
170 PRINT "Wappen! Du fängst an."
180 PRINT
```

```
190 GOTO 250
200 PRINT "Zahl! Ich fange an und gewinne!"
210 PRINT
220 PRINT "Ich nehme 2 Zettel."
230 LET N = N − 2
240 PRINT "Wir haben noch"; N; "Zettel."
250 PRINT
260 INPUT "Wieviel Zettel möchtest du nehmen"; X
270 IF X < 1 OR X > 3 THEN 260
280 LET N = N − X
290 PRINT "Wir haben noch"; N; "Zettel."
300 IF N > 1 AND N <= 3 THEN 350
310 IF N <=1 THEN 420
320 LET Y = 4 − X
330 GOTO 360
340 PRINT
350 LET Y = N−1
360 PRINT: PRINT "Ich bin dran. Ich nehme"; Y; "Zettel ab."
370 LET N = N − Y
380 IF N <= 1 THEN 400
390 GOTO 240
400 PRINT: PRINT "Armes Würstchen, du hast den letzten Zettel."
410 GOTO 430
420 PRINT: PRINT "Du bist ein kluges Köpfchen. Gratuliere!"
430 INPUT "Noch ein Spiel (j/n)"; X$
440 IF X$ = "j" THEN 20
450 END
```

b) Verändere das Programm so, daß 1 bis 4 Zettel genommen werden können und daß zu Beginn der Spieler die Anzahl der Zettel auf dem Haufen wählen kann.

13 Tabellen in Programmen

1. Auf einem Schulfest werden an einem Stand Speisen und Getränke angeboten. Der Verkaufserlös wird mit einem Computer nachgerechnet. Der Computer soll eine Tabelle folgender Art anzeigen.
Artikel   Anzahl   Einzelpreis   Betrag

Jürgen schreibt ein Programm:

```
10 CLS
20 REM ***Eingabe***
30 PRINT "1. Artikel, Anzahl, Einzelpreis"
40 INPUT A1$, A1,P1
50 PRINT "2. Artikel, Anzahl, Einzelpreis"
60 INPUT A2$, A2,P2
70 PRINT "3. Artikel, Anzahl, Einzelpreis"
80 INPUT A3$, A3,P3
90 REM *** Berechnung ***
100 LET B1 = A1 * P1
110 LET B2 = A2 * P2
120 LET B3 = A3 * P3
130 LET B = B1 + B2 + B3
140 REM *** AUSGABE ***
150 PRINT "Artikel Anzahl Einzelpreis Betrag"
160 PRINT "_____ "
170 PRINT A1$; TAB(10) A1; TAB(18) P1; TAB(28) B1
180 PRINT A2$; TAB(10) A2; TAB(18) P2; TAB(28) B2
190 PRINT A3$; TAB(10) A3; TAB(18) P3; TAB(28) B3
200 PRINT
210 PRINT "Rechnungsbetrag"; TAB(28) B
220 END
```

Probelauf
RUN
1. Artikel, Anzahl, Einzelpreis
? Brause, 25, .6
2. Artikel, Anzahl, Einzelpreis
? Gebäck, 50, 1.2
3. Artikel, Anzahl, Einzelpreis
? Pizza, 3, 1.85

Artikel	Anzahl	Einzelpreis	Betrag
Brause	25	.6	15
Gebäck	50	1.2	60
Pizza	3	1.85	5.55
Rechnungsbetrag			80.55

Gib das Programm ein und überprüfe den Probelauf.

2. Mit TAB(X) kann man den Cursor an eine bestimmte Stelle einer Zeile bewegen.

Wenn der Cursor diese Stelle schon überschritten hat, so wird der TAB-Befehl nicht ausgeführt.

Unterscheide: Mit TAB(20) wird der Cursor in die 20. Spalte bewegt.

Mit der TAB-Taste wird der Cursor an eine vom Rechner vorbestimmte Stelle bewegt.

Durch ein Komma nach einem PRINT-Befehl wird der Cursor auch an eine vorbestimmte Stelle bewegt.

Die Tabelle hat noch einen Schönheitsfehler: Es stehen nicht Einer unter Einern, Zehner unter Zehnern. Später wird das verbessert.

3. Mit dem folgenden Programm kannst du herausfinden, was der TAB-Befehl bewirkt. Gib es ein und teste es.

```
10 PRINT "Hallo"
20 PRINT TAB(10) "hallo"
30 PRINT TAB(20) "hallo"
40 PRINT TAB(30) "hallo"
50 PRINT
60 FOR N = 1 TO 30 STEP 5
70 PRINT TAB(N) "HALLO"
80 NEXT N
90 PRINT
100 PRINT "HALLIHALLO"; TAB(20) "HALLIHALLO"
110 END
```

In TAB(X) darf zwischen den Klammern auch eine <u>Laufvariable</u> stehen (Zeile 70). <u>Mehrere TAB-Befehle</u> in einer Zeile werden durch ein Semikolon getrennt. Der Befehl PRINT wird nur einmal gesetzt (Zeile 100).

Hinweis: Bei manchen Computern muß auch unmittelbar nach dem Befehl TAB(X) ein Semikolon stehen. Probiere aus und lies evtl. im Handbuch nach.

Aufgaben

1. Hier siehst du nochmals das Programm von Kapitel 9, Aufgabe 18., mit dem ein Sternenrechteck erzeugt wurde.

```
10 FOR M = 1 TO 4
20     FOR N = 1 TO 10
30         PRINT "*";
40     NEXT N
50 PRINT
60 NEXT M
70 END
```

Solltest du nicht mehr wissen, wofür die Variablen M und N stehen, dann erkennst du, wie wichtig es ist, ein Programm zu kommentieren. Mit beispielsweise der folgenden Zeile 1 könnte das nicht passieren:
1 REM M bedeutet die Anzahl der Zeilen, N die Anzahl der Spalten.
Will man statt des Rechtecks ein Parallelogramm erzeugen, so kann man Zeile 20 und 30 wie folgt ändern:

```
20 FOR N = M TO M+10
30 PRINT TAB(N) "*";
```

a) Gib das Programm ein und lasse es laufen.
b) Verändere es so, daß zwei Parallelogrammseiten von rechts oben nach links unten verlaufen.
c) Erzeuge andere Parallelogramme.

2. a) Gib folgendes Programm ein und teste es.

```
10 INPUT "Anzahl der Spalten"; N
20 FOR K = 1 TO N
30 PRINT TAB(K) "*"; TAB(N−K) "*"
40 IF K < N/2 − 1 THEN NEXT K
50 END
```

b) Stelle die Figur in a) „auf den Kopf".

3. Schreibe Programme, durch die man das große „V" von Aufgabe 2. kippen kann, wie in folgenden Bildern.

a)
```
*
 *
  *
   *
    *
     *
    *
   *
  *
 *
*
```

b)
```
    *
   *
  *
 *
*
 *
  *
   *
    *
```

4. a) Versuche vorauszusagen, was für ein Bild mit folgendem Programm erzeugt wird.

```
1 REM N gibt die Anzahl der Zeilen und Spalten an.
10 INPUT N
20 PRINT TAB(N) "*"
30 FOR K = 1 TO N−1
40 PRINT TAB(N−K) "*"; TAB(N+K) "*"
50 NEXT K
60 END
```

b) Gib das Programm ein und prüfe deine Vorhersage.

5. a) Gib folgendes Programm ein und lasse es laufen.

```
1 REM Die Variable N steht für die Anzahl der Spalten.
10 INPUT N
20 FOR K = 0 TO INT (N/2)
30     FOR L = 1 TO N−2*K
40         PRINT TAB(L) "+";
50     NEXT L
60 PRINT
70 NEXT K
80 END
```

b) Ändere das Programm so ab, daß die schräge Seite in der Figur von links oben nach rechts unten verläuft.

6. Schreibe Programme, mit denen man folgende Muster erzeugen kann.

```
a) ***********              b)     *
    *********                    ***
     *******                    *****
      *****                    *******
       ***                    *********
        *                    ***********
```

7. Entwirf Programme zur Erstellung von Großbuchstaben, z.B. „A":

```
    *
   * *
  *   *
 *******
*       *
*       *
```

8. a) Lasse den Computer die Zahlen von 1 bis 99 anzeigen. Bei untereinander stehenden Zahlen sollen Einer unter Einern und Zehner unter Zehnern stehen. (Ein Tip: Kein TAB-Befehl!)

b) Ändere das Programm so, daß Zahlen von 1 bis 999 angezeigt werden.

9. Schreibe ein Programm, mit dem man eine Tabelle folgender Art erstellen kann.

Betrag (DM)   Mehrwertsteuer (DM)   Endbetrag (DM)

Runde die Mehrwertsteuer.

10. a) Schreibe ein Programm, das einen „Klassenspiegel" anzeigt (Zensuren I bis VI und zugehörige Anzahlen).

b) Gib selbstgewählte Anzahlen ein und lasse die jeweiligen relativen Häufigkeiten berechnen.

14 READ/DATA-Anweisungen

1. In einer Zeitung wird für den Kauf von Bundesschatzbriefen geworben. Die Zinssätze wachsen Jahr für Jahr nach einem festen Plan.
Typ A hat eine Laufzeit von 6 Jahren. Die Zinsen werden jährlich ausgezahlt.
Typ B hat eine Laufzeit von 7 Jahren. Die Zinsen werden angesammelt und mit Zinseszinsen am Ende der Laufzeit ausgezahlt.
Die Zinssätze betragen (Stand: Juni 1984):
1. Jahr: 5,5%   2. Jahr: 7,5%   3. Jahr: 8%
4. Jahr: 8,25%   5. Jahr: 8,5%   6. Jahr: 9%   7. Jahr: 9%
Jemand kauft Bundesschatzbriefe über 3000 DM vom Typ A. Schreibe ein Programm zur Berechnung der jeweils jährlich anfallenden Zinsen.

2. Es ist lästig, den Programmablauf zur Eingabe der sechs Zinssätze zu unterbrechen. Einfacher ist es, die Zinssätze zu Beginn einzugeben und danach das Programm laufen zu lassen:

```
10 REM    Zinsen von Bundesschatzbriefen
20 LET  K = 3000
30 FOR N = 1 TO 6
40 READ P
50 LET  Z = K*P/100
60 PRINT Z
70 NEXT N
80 DATA 5.5, 7.5, 8, 8.25, 8.5, 9
90 END
```

Gib das Programm in deinen Computer ein und teste es.

Der READ-Befehl veranlaßt den Computer, Daten aus einer DATA-Zeile einzulesen. Zwei Daten in einer DATA-Zeile werden durch ein Komma getrennt.

Der Computer liest so oft wie in der Zählschleife (Zeile 30) vorgesehen. Wenn keine Zählschleife vorhanden ist, liest er so viele Daten, wie nach dem READ-Befehl Variable genannt sind, z.B. 2 Daten bei dem Befehl READ A$, A.
Hinweis: Auf manchen Rechnern müssen die Daten in Anführungszeichen gesetzt werden; schlage im Handbuch nach.

3. Jemand möchte die Zinsen wie in den ersten Abschnitten auch noch für andere Kapitalien wissen und ändert bzw. ergänzt das obige Programm wie folgt:

```
20 INPUT K
85 GOTO 20
```

Gib das Programm ein und lasse es laufen.
Der Computer führt die Berechnung der Zinsen für das erste Kapital durch, zeigt aber danach eine Fehlermeldung:
Out of DATA in 40

Der Rechner weiß nämlich nicht, daß er die DATA-Zeile mehrmals lesen muß. Er hat bisher nur die Anweisung, die Daten 1 bis 6 zu lesen (Zeile 30).

Mit Hilfe eines internen Zählers merkt sich der Computer, welches Element der DATA-Zeile(n) zuletzt gelesen wurde.

Mit dem RESTORE-Befehl wird der interne Zähler wieder auf 0 gesetzt.

Ergänze das obige Programm durch die Zeile 82:

82 RESTORE

Lasse es erneut laufen.

Aufgaben

1. Schreibe ein Programm zur Berechnung des Endkapitals, wenn Bundesschatzbriefe des Typs B gewählt werden. Runde das Ergebnis.
2. Schreibe ein Programm zum Erstellen einer Wertetabelle für $y = x^3$, wobei x folgende Werte annehmen soll: -5; -2; -1; $-0{,}5$; 0; $0{,}5$; 1; 2; 5.
3. Schreibe ein Programm zur Berechnung der Zinseszinsen nach 4, 8, 12, 16 und 20 Jahren. Gib am Anfang Kapital und Zinssatz ein.
   a) Arbeite mit einer READ/DATA-Anweisung.
   b) Arbeite ohne READ/DATA-Anweisung.
4. Die Polizei setzt zunehmend Computer ein, um bei der Fahndung nach Verbrechern schneller und zuverlässiger zu sein.
   Hier siehst du ein stark vereinfachtes Programm zur Erstellung eines Verbrecheralbums. Du kannst es beliebig verändern und erweitern.

```
10 REM   Verbrecheralbum
20 PRINT "Welches Merkmal ist von der gesuchten Person bekannt, z.B.:"
30 PRINT "einäugig, schlitzäugig, glatzköpfig, vollbärtig, schlappohrig,"
40 PRINT "tätowiert, pockennarbig, hinkend, einbeinig"
50 PRINT
60 INPUT "Gib ein Merkmal ein! ", X$
70 READ V$, N$, O$, T$, M$
80 IF M$ = X$ THEN PRINT V$;" ";N$;", ";O$;", ";T$;", ";M$
90 GOTO 70
100 DATA August, Schränker, Berlin, Geldschrankknacker, hinkend
110 DATA Pitt, Einholer, Stuttgart, Taschendieb, einäugig
120 DATA Lieschen, Knall, Hannover, Terroristin, hinkend
130 DATA Max, Lösch, Frankfurt, Mörder, glatzköpfig
140 DATA Moritz, Nimm, Düsseldorf, Räuber, glatzköpfig
150 DATA Mieze, Wehedu, Kiel, Erpresserin, einbeinig
160 END
```

Probelauf
RUN
Welches Merkmal ist von der gesuchten Person bekannt, z.B.: einäugig, schlitzäugig, glatzköpfig, vollbärtig, schlappohrig, tätowiert, pockennarbig, hinkend, einbeinig
Gib ein Merkmal ein! einbeinig

Mieze Wehedu, Kiel, Erpresserin, einbeinig
Out of DATA in 70
Ok

5. Auch ein „Telefonbuch" läßt sich mit READ/DATA-Anweisungen anlegen. Du kannst es nach deinen Wünschen verändern.

```
10 REM Telefonbuch
20 PRINT "Wessen Telefonnummer möchtest du wissen?"
50 PRINT
60 INPUT "Gib den Namen ein! ", X$
70 READ N$, T$
80 IF N$ = X$ THEN PRINT N$; ": "; T$
90 GOTO 70
100 DATA Anita, 81266
110 DATA Bernd, 212688
120 DATA Marika, 42533
130 DATA Martin, 45289
140 DATA Martina, 61382
150 DATA Gerald, 6571202
160 END
```

6. Im folgenden siehst du ein Beispiel eines Vokabel-Lernprogramms. Ändere es mit Vokabeln aus deiner letzten Lektion ab.

```
10 CLS
20 DIM E$(30), D$(30), X$(30)
30 INPUT "Wieviel Vokabeln möchtest du übersetzen ( 1 bis 30)"; V
40 INPUT "Englisch --→ Deutsch (1) oder Deutsch --→ Englisch (2)"; W
50 IF W = 2 THEN 190
60 FOR N = 1 TO V
70 READ E$(N), D$(N)
80 PRINT E$(N); "   ";
90 INPUT "Wie heißt die deutsche Übersetzung"; X$
100 IF D$ (N) = X$ THEN PRINT "Richtig!": LET R = R+1: GOTO 140
110 PRINT "Leider falsch! Möchtest du noch einen Versuch wagen (j/n)?"
120 INPUT Y$
130 IF Y$ = "j" THEN 90
140 NEXT N
150 PRINT
160 PRINT "Du hast"; R; "von insgesamt"; V; "Vokabeln richtig."
170 IF R < N/2 THEN PRINT "Mehr üben!!!"
180 GOTO 310
190 FOR N = 1 TO V
200 READ E$(N), D$(N)
210 PRINT D$(N);
220 INPUT "Wie heißt die englische Übersetzung "; X$
230 IF E$(N) = X$ THEN PRINT "Richtig!": LET R = R+1: GOTO 270
240 PRINT "Leider falsch! Möchtest du noch einen Versuch wagen (j)n?"
250 INPUT Y$
260 IF Y$ = "j" THEN 220
```

```
270 NEXT N
280 PRINT
290 PRINT "Du hast"; R; "von insgesamt"; V; "Vokabeln richtig."
300 IF R < N/2 THEN PRINT "Mehr üben!!!"
310 END
320 DATA car, Auto, tree, Baum, table, Tisch
330 DATA chair, Stuhl, curtain, Gardine, carpet, Teppich
```

Mit DIM A(N) bzw. DIM A$(N) werden vom Computer für die Variable A bzw. A$ jeweils N Speicherstellen reserviert.

Dieses Dimensionieren des Speicherplatzes ist immer dann nötig, wenn man mehr als 10 Speicherplätze braucht.
Teste deinen Computer daraufhin, indem du folgendes Programm eintippst und laufen läßt:

```
10 FOR N = 1 TO 15: INPUT A(N): NEXT N
20 FOR N = 1 TO 15: PRINT A(N): NEXT N
30 END
```

Ändere danach das Programm, indem du jeweils die Zahl 15 durch eine 5 ersetzt.

15 Unterprogramme

1. In einem Fach wird die Zeugnisnote nach folgendem Schema ermittelt. Es werden getrennt die Mittelwerte der schriftlichen und der mündlichen Noten berechnet. Die schriftliche Gesamtnote zählt doppelt, die mündliche einfach.
   Für die Erstellung eines Computer-Programms sind folgende Überlegungen nötig:
   1) Eingabe des Namens
   2) Eingabe der schriftlichen Noten
   3) Feststellung der Anzahl der schriftlichen Noten
   4) Mittelwertberechnung
   5) Eingabe der mündlichen Noten
   6) Feststellung der Anzahl der mündlichen Noten
   7) Mittelwertberechnung wie in 4)!
   8) Berechnung der Zeugnisnote
   9) Ausgabe
   10) Abfrage, ob Berechnung für einen anderen Schüler gewünscht wird.

2. Für die Mittelwertberechnungen muß man im wesentlichen zweimal die gleichen Schritte programmieren. Diese doppelte Arbeit kann man sich sparen, wenn man ein **Unterprogramm** schreibt.
   Im folgenden Programm ist Z eine Zählvariable zum Zählen der eingegebenen Zensuren. In Zeile 200 steht Z allerdings für „Zeugnisnote". SN und MN sind schriftliche und mündliche Gesamtnote. SU bedeutet Summe. M ist der Mittelwert — unabhängig davon, um welche Noten es sich handelt.
   Die Eingabe wird durch eine 9 für N(Z) beendet (Zeile 80 und 140).

```
10 CLS
20 REM           Berechnung der Zeugnisnote
30 REM       Eingabeteil
40 INPUT "Name des Schülers"; N$
50 PRINT
60 LET Z = 1
70 INPUT "Schriftliche Noten"; N(Z)
80 IF N(Z) <> 9 THEN Z = Z+1: GOTO 70
90 GOSUB 300
100 LET SN = M
110 PRINT
120 LET Z = 1
130 INPUT "Mündliche Noten"; N(Z)
140 IF N(Z) <> 9 THEN Z = Z+1: GOTO 130
150 GOSUB 300
160 LET MN = M
170 REM       Gesamtnote
180 PRINT
190 LET G = (SN*2 + MN)/3
200 LET Z = INT(G+.5)
210 REM       Ausgabeteil
220 PRINT "Name des Schülers Schr. Note Mdl. Note Zeugnisnote"
```

```
230 PRINT N$; TAB (24) SN; TAB (35) MN; TAB (46) Z
240 PRINT
250 INPUT "Noch ein Schüler (j/n)"; X$
260 IF X$ = "j" THEN PRINT: GOTO 40
270 END
300 REM Unterprogramm zur Berechnung des Mittelwerts
310 LET SU = 0
320 FOR K = 1 TO Z−1
330 LET SU = SU + N(K) '
340 NEXT K
350 LET M = SU/(Z−1)
360 LET M = INT (M *100+.5) / 100
370 RETURN
```

Mit GOSUB erfolgt ein Sprung ins Unterprogramm. Mit RETURN wird jedes Unterprogramm beendet.

Wird der Befehl GOSUB xxx (xxx steht für eine Zeilennummer) gegeben, so merkt sich der Computer die Zeilennummer der GOSUB-Anweisung. Durch RETURN erfolgt der Rücksprung an diese Stelle des Hauptprogramms.

Verwechsle nicht den Befehl RETURN (RETURN eintippen!) mit der RETURN-Taste, mit der eine Zeile abgeschlossen wird.

Im Prinzip ist es gleichgültig, wo das Unterprogramm steht. Es ist aber übersichtlicher, ein Unterprogramm ans Ende des Hauptprogramms anzuhängen.

Gib obiges Programm ein und lasse es für verschiedene Noteneingaben laufen.

a) Warum wird die Zählvariable Z zweimal auf 1 gesetzt?
b) Warum wird die Summenvariable SU zunächst auf 0 gesetzt?

Aufgaben

1. Verändere das Programm aus Abschnitt 2. Zuerst soll abgefragt werden, mit wieviel Prozent die schriftliche Gesamtnote zählt. Ändere dann die Berechnung der Gesamtnote.

2. In dem Programm von Aufgabe 1. sind als Noteneingaben nur 1, 2, 3, 4, 5 und 6 erlaubt. Die Eingabe einer 9 beendet die weitere Eingabe. Wenn sich jemand vertippt und z.B. eine 7 eingibt, muß er von vorn beginnen. Um das zu verhindern, schreibe ein zweites Unterprogramm, mit dem die Zulässigkeit einer Eingabe überprüft wird.

3. Aus einer Urne, in der 5 Kugeln liegen, kann man 3 Kugeln auf $\frac{5!}{3!(5-3)!}$ verschiedene Weisen ziehen.

   a) Berechne diesen Bruch.
   b) Schreibe ein Programm zur Berechnung von $\frac{N!}{K!(N-K)!}$.
   Hier muß dreimal eine Fakultätsberechnung durchgeführt werden. Schreibe dazu ein einziges Unterprogramm. (Du kannst das Programm von Kap. 6, Aufgabe 19.b) verwenden.)

c) Berechne analog: 10 Freunde wollen ein Tischtennisturnier beginnen. Dazu soll jeder gegen jeden einmal spielen. Wieviel Spiele sind notwendig?

4. Aus der Optik kennst du sicher die Linsengesetze. Es gilt $\frac{1}{g} + \frac{1}{b} = \frac{1}{f}$ und $\frac{B}{G} = \frac{b}{g}$
(g = Gegenstandsweite, b = Bildweite, f = Brennweite, G = Gegenstandshöhe, B = Bildhöhe)

Schreibe ein Programm: Es sollen G, g und f bzw. G, g und b gemessen sein und die fehlenden Stücke berechnet werden.
Einige Tips: Abfrage, was bekannt ist. Danach Verzweigung in 2 Eingabeteile. Je ein Unterprogramm zur Berechnung von f aus g und b, von b aus f und g, von B aus G, g und b.

5. Ein Sportverein will eine Mitgliederkartei in den Computer eingeben. Schreibe dazu ein Einleseprogramm, mit dem folgende Daten eingegeben werden können: Name, Vorname, Straße, Ort mit Postleitzahl, Eintrittsdatum, Sportart.
Mit Hilfe eines Unterprogramms soll nach den einzugebenden Daten gefragt werden.
Ein Probelauf könnte so aussehen:
RUN
Gib folgende Daten ein.
Name   ?
Vorname   ?
Straße   ?
PLZ und Ort   ?
Eintrittsdatum ?
Sportart   ?

6. Löse Aufgabe 5. ohne Unterprogramm.

16 Sortierprogramme

1. Eine wesentliche Aufgabe von Computern, die in Wirtschaft, Verwaltung und Industrie eingesetzt sind, ist das Sortieren von Daten, z.B. das Ordnen von Zahlen nach ihrer Größe oder das alphabetische Ordnen von Wörtern.
Dazu benötigt man **Sortierprogramme**.
Das Sortieren von Zahlen ist leicht vorstellbar. Der Computer speichert die Zahlen im Dualsystem (Zweiersystem) und kann sofort feststellen, welche von zwei Zahlen die größere bzw. die kleinere ist. Probiere das mit folgendem Programm:

```
10 INPUT A, B
20 IF A < B THEN PRINT A; B: GOTO 40
30 PRINT B; A
40 END
```

2. Wenn mehr als zwei Zahlen nach ihrer Größe geordnet werden sollen, dann muß der Computer die Zahlen paarweise vergleichen. Hier ist ein Sortierprogramm für Zahlen abgedruckt. In ihm muß zunächst die Anzahl der Zahlen eingegeben werden, die geordnet werden sollen.

```
10 REM     Sortieren von Zahlen; die Anzahl steht fest.
20 INPUT "Wieviel Zahlen werden sortiert"; N
30 FOR K = 1 TO N
40 INPUT A(K)
50 NEXT K
60 LET  F = 0
70 FOR K = 1 TO N−1
80 IF A(K) < = A(K+1) THEN 110
90 LET H = A(K): LET A(K) = A(K+1): LET A(K+1) = H
100 LET F=1
110 NEXT K
120 IF F = 1 THEN 60
130 FOR K = 1 TO N
140 PRINT A(K);
150 NEXT K
160 END
```

Um zu sehen, wie das Programm arbeitet, gib zusätzlich folgende Zeilen ein:

```
55 FOR K = 1 TO N: PRINT A(K);: NEXT K
56 PRINT: PRINT
105 FOR K = 1 TO N: PRINT A(K);: NEXT K
106 PRINT
125 PRINT
```

Lasse dann das Programm laufen wie im Probelauf:
RUN
Wieviel Zahlen ? 5
? 12
? 2
? 66
? 5
? 19
```
12   2   66   5   19

 2  12   66   5   19
 2  12    5  66   19
 2   5   12  66   19
 2   5   12  19   66

 2   5   12  19   66
```
Ok

Erkläre die Methode, die 5 Zahlen nach der Größe zu ordnen. (Die erste Zeile mit 5 Zahlen zeigt diese Zahlen in der eingegebenen Reihenfolge. In den folgenden 4 Zeilen wird sortiert. Die letzte Zeile zeigt (noch einmal) das Ergebnis. In einem Programm, das die nachträglich eingebauten Zeilen nicht enthält, wird nur die letzte Zeile angezeigt.)

3. Zu diesem Programm sind sicher einige Erklärungen nötig.
Bei diesem Sortierverfahren, das unter dem Namen „**RIPPLE-SORT**" oder „**Sortieren durch Austausch**" bekannt ist, wird jeweils ein Element im Feld mit dem unmittelbar folgenden verglichen (Zeile 80).
Ist ein Element A(K) kleiner als das nächstfolgende oder ebenso groß, so wird der nächste Schleifendurchlauf mit dem Vergleich der beiden nächstfolgenden Elemente fortgesetzt (Zeile 80, 110, usw.). Ist aber A(K) größer als A(K+1), so muß umsortiert werden: A(K) und A(K+1) sind zu vertauschen. Das geschieht mit Hilfe einer Hilfsvariablen H (Zeile 90).

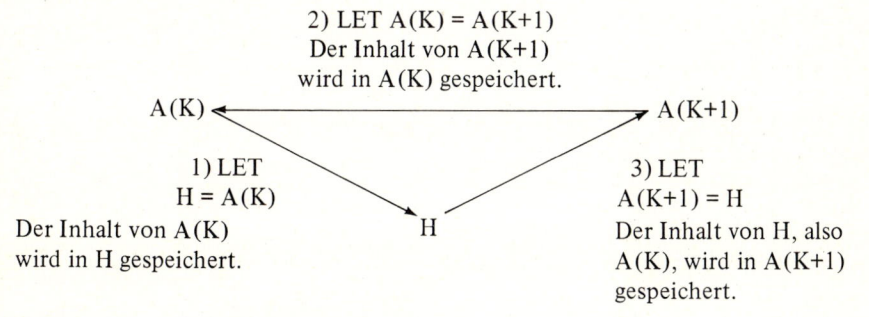

```
                    2) LET A(K) = A(K+1)
                     Der Inhalt von A(K+1)
                     wird in A(K) gespeichert.
       A(K) ◄─────────────────────────────► A(K+1)

        1) LET                              3) LET
        H = A(K)                            A(K+1) = H
Der Inhalt von A(K)        H        Der Inhalt von H, also
wird in H gespeichert.              A(K), wird in A(K+1)
                                    gespeichert.
```

Man spricht von einem <u>Dreieckstausch</u>.
Computer mit komfortablem BASIC kennen allerdings einen besonderen Befehl zum Variablentausch: <u>SWAP X, Y</u>.
Probiere, ob das Programm auch läuft, wenn Zeile 90 ersetzt wird durch
90 SWAP A(K), A(K+1). Lies im Handbuch nach.

Wenn umsortiert werden mußte, wird eine „Flagge" (ein „Signal") gesetzt (Zeile 100): Dann wird die Schleife nochmals, mit dem ersten Element beginnend, durchlaufen (Zeile 120). Die Zahlen 0 und 1 beim Setzen der Flagge sind natürlich beliebig.

Aufgaben

1. Ändere Zeile 80 des Sortierprogramms so ab, daß nur verglichen wird, ob A(K) kleiner als A(K+1) ist.
    a) Prüfe, ob das Programm ebenso läuft, wenn lauter verschiedene Zahlen eingegeben werden.
    b) Gib auch zwei gleich große Zahlen ein. Erkläre den Programmlauf.

2. Ändere das Sortierprogramm aus Abschnitt 2. so, daß die Zahlen in absteigender Reihenfolge geordnet werden.

3. Ändere das Sortierprogramm aus Abschnitt 2. so, daß die Zahlen in aufsteigender Folge geordnet werden, aber ohne Berücksichtigung des Vorzeichens.

4. Gib noch einmal das Lottoprogramm aus Kap. 12, Aufgabe 4. d) ein, schließe ein Sortierprogramm an und lasse die simulierten Lottozahlen der Größe nach geordnet anzeigen.

5. Oft steht am Anfang des Sortiervorgangs nicht fest, wieviel Zahlen geordnet werden sollen. Dann müssen Eingabeteil und Ausgabeteil geändert werden:

    ```
    10 REM  Sortieren von Zahlen; die Anzahl steht nicht fest.
    20 DIM A (100)
    30 PRINT "Die Eingabe wird beendet durch 99.99!"
    40 PRINT "Gib die Zahlen ein."
    50 PRINT
    60 LET N = N+1
    70 INPUT A(N)
    80 IF A(N) <> 99.99 THEN 60
    90 LET    F = 0
    100 FOR K = 1 TO N−2
    110 IF A(K) < = A(K+1) THEN 140
    120 LET H = A(K): LET A(K) = A(K+1): LET A(K+1) = H
    130 LET F = 1
    140 NEXT K
    150 IF F = 1 THEN 90
    160 FOR K = 1 TO N−1
    170 PRINT A(K);
    180 NEXT K
    190 END
    ```

    Im Eingabeteil muß eine Beendigung der Eingabe vorgesehen werden, im obigen Programm durch 99.99, selbstverständlich könnte jede beliebige andere Zahl benutzt werden.
    Gib das Programm ein und teste es.

6. In der Praxis müssen Computer viel häufiger Wörter ordnen als Zahlen. Wörter werden normalerweise alphabetisch geordnet.
Mit LET A$ = „A" und LET B$ = „B" gilt A$ < B$ oder B$ > A$. Das ist möglich, weil der Computer die Buchstaben einzelnen Zahlen zuordnet. Diese Zahlen können der Größe nach geordnet werden.
Die Zuordnung erfolgt nach dem ASCII-CODE (American Standard Code for Information Interchange). Beispielsweise gilt A ≙ 65, Z ≙ 90). Prüfe das an deinem Rechner beispielsweise durch:
PRINT ASC („A"); ASC(„B"); ASC(„Z"); ASC(„a"); ASC(„ab").

Mit ASC(„X") oder ASC(X$) erhält man den Zahlenwert im ASCII-Code von „X" bzw. X$. (Wenn „X" oder X$ mehrere Zeichen enthält, wird der Zahlenwert des ersten Zeichens angezeigt.)
Es ist auch möglich, zu einem vorgegebenen ASCII-Wert den zugehörigen Buchstaben, die zugehörige Ziffer oder das zugehörige Zeichen anzeigen zu lassen.
Gib dazu folgendes Programm ein

```
10 FOR N = 32 TO 128
20 PRINT N; CHR$(N),
30 NEXT N
```

Mit CHR$(N) erhält man das Zeichen mit dem ASCII-Code N.

Wenn du bei einem eingegebenen ASCII-Wert keine Anzeige findest, so ist das kein Fehler. Häufig handelt es sich um Befehle, die nicht angezeigt werden können. Als Beispiel diene CHR$(12).
Mit PRINT CHR$(12) in einem Programm erreicht man auf vielen Rechnern dasselbe wie mit CLS oder wie mit SHIFT CLEAR HOME im RUN-Modus, nämlich Löschung des Bildschirms und Bewegung des Cursors in die linke obere Ecke des Bildschirms.

a) Ändere das Programm von Aufgabe 5., indem du jede numerische Variable — außer den Zählvariablen — durch eine Stringvariable ersetzt, also z.B. A$(K) statt A(K) schreibst.
b) Gib jeweils 2 Buchstaben ein und lasse sie alphabetisch ordnen.
c) Wähle zunächst nur Großbuchstaben, danach nur Kleinbuchstaben, zuletzt einen Großbuchstaben und einen Kleinbuchstaben. Was fällt dir auf? Erkläre anhand des ASCII-Code.
d) Lasse dieses Programm für verschiedene Wörter laufen.

7. Gib im Programm von Aufgabe 6. d) folgende Wörter ein: Auto, ahnen, Ähre, Zug, lassen, rußig, Masse, Maße, naß, nass. Was stellst du fest? Erkläre.
Auf einfache Weise lassen sich nur solche Wörter alphabetisch ordnen, die ausnahmslos groß oder ausnahmslos klein geschrieben sind, weil Kleinbuchstaben einen höheren ASCII-Code aufweisen als die Großbuchstaben. Die deutschen Umlaute und das „ß" stehen in der ASCII-Tabelle ganz hinten.
Hinweis: Schreibe zum alphabetischen Ordnen alle Wörter mit Großbuchstaben. Verwende keine Umlaute, sondern ae, oe, ue. Verwende kein „ß", sondern „ss". In Kapitel 18 werden noch Verbesserungsvorschläge gemacht.

8. Für ein Sachregister am Ende eines Buches benötigt man Stichwörter in alphabetischer Reihenfolge. Schreibe ein Programm: Es sollen beliebige Stichwörter und ihre Seitenzahlen eingegeben werden. Danach ist alphabetisch zu ordnen.

9. Das bisher vorgestellte Sortierprogramm ist besonders dann von Vorteil, wenn schon einige Zahlen oder Wörter in richtiger Reihenfolge stehen.
Gebräuchlich ist neben anderen auch das folgende Programm, „**Sortieren durch Auswahl**" genannt.
In diesem Sortierprogramm wird zunächst das kleinste Element gesucht und auf den ersten Platz gesetzt (Zeile 110). Es wird also ein Minimumprogramm eingebaut. Von den restlichen Elementen wird wiederum das kleinste Element gesucht, usw.

```
10 REM      Sortieren von Zahlen. Die Anzahl steht nicht fest.
20 DIM A(100)
30 PRINT "Die Eingabe wird beendet durch 99.99"
40 PRINT "Gib die Zahlen ein!"
50 PRINT
60 LET N = N+1: INPUT A(N)
70 IF A(N) <> 99.99 THEN 60
80 FOR M = 1 TO N−2
90 LET K = M
100 FOR L = K TO N−1
110 IF A(K) <= A(L) THEN 130
120 LET K = L
130 NEXT L
140 LET H = A(M): LET A(M) = A(K): LET A(K) = H
150 PRINT A(M);
160 NEXT M
170 PRINT A(N−1)
180 END
```

10. Ändere das Programm von Aufgabe 9. so, daß Zahlen in absteigender Folge geordnet werden.

11. Ändere das Programm von Aufgabe 9. so, daß Wörter alphabetisch geordnet werden können.

17 Statistik

1. Zwölf Jugendliche nennen ihre monatlichen Taschengeldbeträge: 40 DM, 65 DM, 35 DM, 30 DM, 50 DM, 60 DM, 80 DM, 60 DM, 40 DM, 45 DM, 60 DM, 70 DM. Schreibe ein Programm zur Berechnung des Mittelwertes (vgl. Kap. 6, Aufgabe 24.). Damit das Programm auch für andere Fälle gilt, soll die Anzahl der Werte nicht von Anfang an feststehen. Verwende ein Feld und wähle als Variable z.B. W(N).

2. Oft ordnet man die Einzelwerte der Größe nach. Schließe daher an das Programm von Abschnitt 1. ein Sortierprogramm an (vgl. Kap. 16, Aufgabe 5.). Der Computer soll dann die Einzelwerte in aufsteigender Folge anzeigen:
30 35 40 40 45 50 60 60 60 65 70 80

3. Die Statistiker geben zur Beurteilung einer Meßreihe oft neben dem Mittelwert auch den **Zentralwert** an. Das ist der Wert in der Mitte einer geordneten Meßreihe. Unter und über ihm müssen gleich viele Werte liegen. Für die Werte von Abschnitt 1. ergibt sich der Zentralwert z = 55 DM:

30 35 40 40 45 50   60 60 60 65 70 80
                        ↑
                        z

Es gilt z = (50 DM + 60 DM) : 2 = 55 DM.
Wenn der größte Einzelwert (80 DM) fehlte und alle anderen Werte gleich wären, dann wäre der Zentralwert der 6. Wert in der Reihe und würde 50 DM betragen.
Wenn die Anzahl der Werte (N) ungerade ist, dann ist der Zentralwert derjenige Wert mit der Nummer (N:2 + 0,5). Wenn N gerade ist, dann ist der Zentralwert der Mittelwert von W(N:2) und W(N:2+1).
Gib folgendes Programm ein und prüfe es anhand der Zahlen von Abschnitt 1. (Der erste Teil des Programms ist gleichzeitig die Lösung zu den ersten beiden Abschnitten.)

```
10 REM Berechnung des Mittelwerts
20 REM Anzahl der Werte: N; Summe: S; Mittelwert: M
30 DIM W(30)
40 LET N = 1: LET S = 0
50 PRINT "Gib einen Wert ein!"
60 INPUT W(N)
70 IF W(N) = 9999 THEN 110
80 LET S = S + W(N)
90 LET N = N + 1
100 GOTO 60
110 LET N = N − 1
120 LET M = S/N
130 LET M = INT(M * 100 + .5)/100
140 PRINT
150 PRINT "Der Mittelwert beträgt"; M
160 PRINT
200 REM Sortieren von Zahlen; die Anzahl steht fest.
210 LET F = 0
220 FOR K = 1 TO N−1
```

```
230 IF W(K) < = W(K+1) THEN 260
240 LET H = W(K) : LET W(K) = W(K+1) : LET W(K+1) = H
250 LET F=1
260 NEXT K
270 IF F = 1 THEN 210
280 FOR K = 1 TO N
290 PRINT W(K);
300 NEXT K
310 PRINT
400 REM Bestimmung des Zentralwerts Z
410 LET X = N/2
420 IF X = INT(X) THEN 470
430 LET X = X + 1
440 LET Z = W(X)
450 PRINT: PRINT "Der Zentralwert ist"; Z
460 GOTO 500
470 LET Y = X + 1
480 LET Z = (W(X) + W(Y))/2
490 GOTO 450
500 END
```

Aufgaben

1. Verändere das Programm im vorigen Abschnitt so, daß nur der Mittelwert und der Zentralwert angezeigt werden, nicht aber die einzelnen Meßwerte der Größe nach geordnet.

2. Ändere den Eingabeteil im Programm von Aufgabe 1. so, daß zu Beginn die Anzahl der Meßwerte eingegeben wird. Arbeite dann mit einer FOR-NEXT-Schleife. (Vorsicht: Im weiteren Verlauf sind weitere Änderungen nötig.)

3. a) Die 9 Handwerksbetriebe einer Gemeinde haben 4, 124, 6, 22, 19, 12, 13, 19 bzw. 21 Beschäftigte. Bestimme Mittelwert und Zentralwert. Warum unterscheiden sich diese Werte so stark?
   b) Im folgenden Jahr kommt noch ein Handwerksbetrieb mit 10 Beschäftigten dazu. Bestimme wieder Mittelwert und Zentralwert.

4. Mittelwert und Zentralwert allein ermöglichen keine genauere Beurteilung einer Meßreihe. Statistiker geben oft noch die **mittlere Abweichung** vom Mittelwert bzw. vom Zentralwert an.
   Als **Beispiel** diene die Meßreihe 1   4   12   20   28.
   Der Mittelwert beträgt m = (1 + 4 + 12 + 20 + 28) : 5 = 13; der Zentralwert ist z = 12.
   Mittlere Abweichung = Summe aller Abweichungen : Anzahl der Werte
   Die mittlere Abweichung vom Mittelwert ist demnach
   $(|1 - 13| + |4 - 13| + |12 - 13| + |20 - 13| + |28 - 13|) : 5 = (12 + 9 + 1 + 7 + 15) : 5 = 44 : 5 = 8{,}8$.
   Entsprechendes gilt für die mittlere Abweichung vom Zentralwert.
   a) Vervollständige das Programm von Abschnitt 3. um die Berechnung der mittleren Abweichungen. Da zweimal die gleichen Rechnungen auszuführen sind, empfiehlt sich ein Unterprogramm. (Ein Tip: Setze W = M, lasse das Unterprogramm durchlaufen und lasse die mittlere Abweichung vom Mittelwert anzeigen. Setze dann W = Z und verfahre ebenso.
   b) Prüfe anhand der Zahlen aus dem ersten Abschnitt.

5. Statistiker arbeiten meist mit der **Standardabweichung** anstelle der mittleren Abweichung. Bei ihr werden die einzelnen Abweichungen quadriert. Dadurch fallen große Abweichungen stärker ins Gewicht.
Die Standardabweichung s wird folgendermaßen berechnet:

$$s = \sqrt{((w_1 - m)^2 + (w_2 - m)^2 + \ldots + (w_n - m)^2) : n}$$

Dabei gilt: w_1, w_2, ..., w_n sind die Einzelwerte, m ist der Mittelwert, n bedeutet die Anzahl der Werte und s die Standardabweichung.
a) Ergänze das Programm von Aufgabe 4. um die Berechnung der Standardabweichung vom Mittelwert.
b) Prüfe anhand der Zahlen im ersten Abschnitt.

6. Die Tabelle zeigt die mittleren Monatstemperaturen von Aachen, La Paz (Bolivien) und Astrachan (UdSSR) in °C.

	Jan	Feb	Mär	Apr	Mai	Jun	Jul	Aug	Sep	Okt	Nov	Dez
Aachen	2	3	5	8	13	15	17	18	14	10	5	3
La Paz	11	11	11	10	9	7	7	8	9	11	12	13
Astrachen	−7	−5	0	9	18	23	25	23	17	10	2	−3

Berechne jeweils den Mittelwert, den Zentralwert und die Standardabweichung vom Mittelwert.

7. Wenn derselbe Meßwert häufig vorkommt, ist es lästig, ihn mehrmals einzugeben.
Beispiel: Die Tabelle zeigt den Ausfall der Arbeiten zweier Parallelklassen. Der Mittelwert der Zensuren ist gesucht.

Zensur	1	2	3	4	5	6
Anzahl	2	8	15	11	6	3

a) Gib folgendes Programm ein und teste es anhand des Beispiels.

```
10 REM    Berechnung des Mittelwerts, wenn die einzelnen Meßwerte
20 REM    mehrfach vorkommen
30 REM    Meßwerte W(K), Anzahlen N(K),
40 REM    Summe der Werte S1 = W(1)*(N(1) + W(2)* N(2) + ...
50 REM    Summe der Anzahlen S2 = N(1) + N(2) + ...
60 DIM W(100), N(100)
70 PRINT "Gib den Meßwert W(K) ein, danach die Anzahl N(K) !"
80 PRINT "Beende die Eingabe mit W(K) = 0 und N(K) = 0!"
90 LET K = 1: LET S1 = 0: LET S2 = 0
100 INPUT W(K), N(K)
110 IF W(K) = 0 AND N(K) = 0 THEN 160
120 LET S1 = S1 + W(K)*N(K)
130 LET S2 = S2 + N(K)
140 LET K = K+1
150 GOTO 100
160 LET M = S1/S2
170 LET M = INT(M*100+ .5)/100
180 PRINT "Der Mittelwert beträgt"; M
190 END
```

b) Berechne zur Kontrolle den Mittelwert der Taschengeldbeträge in Abschnitt 1.

8. Erweitere das Programm von Aufgabe 7. so, daß auch die Standardabweichung berechnet wird.
9. Bei einer Klassenarbeit, die mit 24 Punkten bewertet wurde, ergab sich folgende Punktverteilung:

Anzahl der Punkte	5	8	10	13	14	15	16	17	18	19	20	21	22	23	24
Anzahl der Schüler	2	3	2	1	1	2	2	3	5	2	1	3	2	1	1

Berechne Mittelwert und Standardabweichung.

10. Die Formel für die Standardabweichung s in Aufgabe 5. läßt sich umformen in
$$s = \sqrt{(w_1^2 + w_2^2 + \ldots + w_n^2 - n \cdot m^2) : n}$$
a) Ändere das Programm in Aufgabe 5.
b) Löse Aufgabe 6. mit dem geänderten Programm.

11. Berechne für den „Klassenspiegel" von Aufgabe 7., wieviel Prozent der Schüler jeweils eine 1, eine 2, ..., eine 6 geschrieben haben.

12. In Aufgabe 11. wurde die jeweilige absolute Häufigkeit, mit der eine Zensur auftrat, als Bruchteil aller Zensuren berechnet und (durch Multiplikation mit 100) in Prozent ausgedrückt. Das ergibt die **relative Häufigkeit**.
Schreibe ein Programm zur Berechnung der relativen Häufigkeiten. Gib zunächst jeweils den Wert und dessen absolute Häufigkeit ein, beende die Eingabe mit 0,0. Die relativen Häufigkeiten in Prozent sollen auf eine Stelle nach dem Komma gerundet werden.

13. Ergänze das Programm von Aufgabe 12. so, daß eine Tabelle angezeigt wird. Der Anfang dieser Tabelle könnte so aussehen:

Wert   Anzahl   Rel. Häuf.
----
8   27   16.9%

14. a) Verändere das Programm von Aufgabe 12. folgendermaßen: Nach der Eingabe der Werte und ihrer Anzahlen sollen die relativen Häufigkeiten in Prozent berechnet werden, diesmal auf eine natürliche Zahl gerundet. Die Anzeige soll als „**Blockdiagramm**" erfolgen, indem für je 1 Prozent ein Sternchen angezeigt wird.
Eine Anzeige könnte beispielsweise so aussehen:
```
8      ****************
10     ****************************
12     **************
123    ******************************************
```
b) Lasse das Programm mit den Zahlen von Aufgabe 7. laufen.
c) Verändere das Programm so, daß jeweils in einer Zeile der Wert, seine absolute Häufigkeit und seine relative Häufigkeit und darunter die zugehörige „Sternchenstrecke" angezeigt werden.
d) Wie könnte man das Programm ändern, wenn mehr Sternchen angezeigt werden als in einer Zeile Platz haben?

15. Bei kleinen Anzahlen läßt sich ein Blockdiagramm erstellen, ohne vorher die relativen Häufigkeiten zu berechnen. Schreibe ein Programm, das nach Eingabe der Werte und ihrer Anzahlen eben diese Anzahlen in einem Blockdiagramm darstellt. Verwende die Zahlen von Aufgabe 7.

18 Einfache Dateien

1. Jemand möchte eine Geheimschrift entwickeln. Er macht es sich einfach: Nur Großbuchstaben sind zugelassen, aber keine Umlaute. Jeder Buchstabe wird durch den im Alphabet nächstfolgenden ersetzt. Der Text „KOMME MORGEN" heißt verschlüsselt „LPNNF NPSHFO".
Diese Aufgabe könnte ein Computer übernehmen. Voraussetzung dafür ist, daß er die einzelnen Buchstaben einer Zeichenkette (eines Strings) erkennt. Das gelingt mit dem folgenden kleinen Programm.

```
5 DIM B$(20), B(20)
10 LET A$ = "KOMME MORGEN"
20 LET L = LEN(A$)
30 PRINT A$;" ist"; L; "Zeichen lang."
40 FOR N = 1 TO L
50 LET B$(N) = MID$(A$,N,1)
60 LET B(N) = ASC(B$(N))
70 LET B(N) = B(N)+1
80 LET B$(N) = CHR$(B(N))
90 LET N$ = N$ + B$(N)
100 NEXT N
110 PRINT N$
120 END
RUN
KOMME MORGEN ist 12 Zeichen lang.
LPNNF!NPSHFO
Ok
```

Mit LEN(A$) erhält man die Länge einer Zeichenkette (eines Strings). Leerstellen innerhalb des Strings werden mitgezählt, Leerstellen am Anfang oder Ende aber nicht.
Beispiele: A$ = „KOMME MORGEN"; LEN(A$) = 12
B$ = „KOMMEMORGEN"; LEN(B$) = 11
C$ = „ KOMMEMORGEN "; LEN(C$) = 11

Mit MID$ (A$, K,L) kann man aus der Zeichenkette A$ vom K-ten Zeichen an L Zeichen herauslösen.
Beispiele: Mit A$ = „KOMME MORGEN" gilt
MID$(A$,10,1) = „G"; MID$(A$,10,3) = „GEN".
Beachte: Leerzeichen zählen mit.
Die Befehle ASC(X$) und CHR$(N) sind schon aus Kapitel 16, Aufgabe 6, bekannt.
Hinweis: Das Leerzeichen (Blank) hat den ASCII-Code 32, das Ausrufezeichen hat den ASCII-Code 33.

2. Es möge A$ = „AUTOBAHNDREIECK" sein.
   a) Löse mit dem Befehl MID$(A$,K,L) die Wörter AUTO, BAHN, DREI und DREIECK heraus.

b) Das Wort AUTO und das WORT DREIECK könnte man auch mit anderen Befehlen herauslösen. Gib folgendes Programm ein und teste es.

```
10 LET A$ = "AUTOBAHNDREIECK"
20 PRINT LEFT$(A$, 4), MID$(A$;5,4), RIGHT$(A$, 7)
30 END
```

Mit LEFT$(A$,N) kann man aus dem String A$ die ersten N Zeichen herauslösen.
Mit RIGHT$(A$,N) kann man aus dem String A$ die letzten N Zeichen herauslösen.

3. Oft müssen Zeichenketten aneinandergefügt werden. Gib folgendes Programm ein und teste es.

```
10 LET A$ = "WINDSCHUTZSCHEIBE"
20 LET B$ = LEFT$(A$,4)
30 LET C$ = MID$(A$,5,6)
40 LET D$ = RIGHT$(A$,7)
50 PRINT B$, C$, D$
60 PRINT B$; C$
70 PRINT B$ + C$
80 PRINT C$; " "; D$
90 PRINT C$ + " " + D$
100 END
```

PRINT A$, B$, C$ (Zeile 50) bedeutet eine Anzeige an den im Rechner vortabulierten Stellen.
PRINT B$; C$ (Zeile 60) und PRINT B$ + C$ (Zeile 70) bedeutet ein Aneinanderfügen ohne Leerstelle.
Will man eine Leerstelle einfügen, so muß man sie auch angeben wie in Zeile 80 oder 90.
Beachte: Bei numerischen Variablen wird im Falle eines Semikolons nach dem PRINT-Befehl ein Leerzeichen ausgegeben. Mit A = 5 und B = 3 ergibt der Befehl PRINT A; B stets 5 3, nicht 53! PRINT A + B liefert natürlich 8!

Aufgaben

1. Ergänze das Programm in Abschnitt 1. so, daß ein verschlüsselter Text wieder die Ausgangsbedeutung bekommt.

2. Löse aus dem Wort „AUTOBAHNMEISTEREI" folgende Wörter heraus. AUTO, BAHN, AUTOBAHN, MEISTER, EI, AUTOMEISTER, MISTER, TOTE, MEISTERAUTO, REIM, REIME.

3. a) Gib folgendes Programm ein und lasse es laufen. Was erreicht man damit?

```
10 INPUT A$
20 B$ = ""
30 FOR N = LEN(A$) TO 1 STEP −1
40 LET B$ = B$ + MID$(A$,N,1)
50 NEXT N
60 PRINT B$
70 END
```

b) Erweitere das Programm so, daß das Ergebnis von a) wiederum <u>rückwärts gelesen</u> wird.

4. Tabellen hast du früher mit dem TAB(X)-Befehl erstellt (Kap. 13, Text 1). Es gelingt auch ohne den TAB(X)-Befehl, wenn man verschieden lange <u>Zeichenketten auf die gleiche Länge</u> bringt.

a) Gib folgendes Programm ein und teste, ob eine gute Tabellenform entsteht.

```
10 INPUT A$
20 INPUT "Gewünschte Länge der Zeichenkette "; L
30 FOR N = LEN(A$) TO L
40 LET A$ = A$ + " "
50 NEXT N
60 PRINT A$; A$
70 END
```

Beachte, daß in Zeile 40 ein Leerzeichen zwischen den Anführungsstrichen getippt werden muß.
Warum ist die Länge der Zeichenkette nicht L, sondern L+1?
Wollte man die Länge L erreichen, könnte man Zeile 30 z.B. so ändern:
30 FOR N = LEN(A$) TO L−1.

b) Ändere das Programm so, daß die Leerstellen (Blanks) am Anfang des Wortes stehen.

5. a) Erstelle ein Programm, durch das man Anschriften eingeben und dann in Tabellenform anzeigen kann. Der Probelauf könnte — auf eine Anschrift beschränkt — so aussehen:

RUN
Wieviel Anschriften sollen eingegeben werden? 1
Name   ? Martina Weiß
Straße ? Hoher Weg 182
Ort   ? 5000 Köln 1

Martina Weiß   Hoher Weg 182   5000 Köln 1

Hinweis: Wenn du das Programm mehrmals laufen lassen willst, mußt du leider die Anschriften wieder neu eingeben. Denn bei jedem Kaltstart, der mit RUN begonnen wird, ebenso bei jeder zwischendurch erfolgten Änderung des Programms, werden die Variablen gelöscht. Man kann das verhindern, wenn man den zweiten, dritten, ... Programmstart mit dem Befehl RUN XYZ oder GOTO XYZ beginnt, wobei XYZ eine Zeilennummer nach dem Eingabeteil sein muß.

b) Ändere das Programm in Aufgabe a): Arbeite ohne den INPUT-Befehl, stattdessen mit READ/DATA-Anweisungen.

c) Angenommen, in den Programmen von a) und b) werden Name, Straße und Ort auf jeweils 20 Zeichen verlängert. Die Tabellenform ist immer dann gut, wenn keine Eingabe länger als 18 (!) Zeichen ist. Darauf muß man selbst achten oder man läßt den Computer alle Eingaben, die länger als 18 Zeichen sind, abschneiden. Das gelingt z. B. durch folgende Programmzeile:

```
XYZ IF LEN(A$(K)) > 18 THEN LET A$(K) = LEFT$(A$(K),18).
```

Ändere das vorige Programm entsprechend.

6. Eine Anschriftenliste oder eine andere **Datei** (Datensammlung) ist nur dann sinnvoll, wenn man eine **Suchroutine** hat, mit der man nach einem bestimmten Merkmal suchen lassen kann.

   Das folgende Programm zeigt zunächst den Aufbau einer Anschriftenliste wie in Aufgabe 5. b). Dann wird ein Name gesucht. Ist er vorhanden, so wird die zugehörige Anschrift angezeigt.

   Hinweis: In Zeile 120 wird die Anschrift (AN$(K)) aus den einzelnen Bestandteilen zusammengesetzt. Das führt zu Kürzungen des Programms. An welchen Stellen?

   a) Gib das Programm ein, wähle dazu Anschriften, die du kennst. Lasse danach einen Namen erfragen (Variable SU$ = Suchwort).

```
10 CLS: DIM NA$(30), VN$(30), ST$(30), OT$(30)
20 INPUT "Wieviel Anschriften sind eingegeben "; G
30 PRINT
40 FOR K = 1 TO G
50 READ NA$(K), VN$(K), ST$(K), OT$(K)
60 FOR M = LEN(NA$(K)) TO 10: LET NA$(K) = NA$(K) + " ": NEXT M
70 FOR M = LEN(VN$(K)) TO 10: LET VN$(K) = VN$(K) + " ": NEXT M
80 FOR M = LEN(ST$(K)) TO 20: LET ST$(K) = ST$(K) + " ": NEXT M
90 FOR M = LEN(OT$(K)) TO 20: LET OT$(K) = OT$(K) + " ": NEXT M
100 NEXT K
110 FOR K = 1 TO G
120 LET AN$(K) = NA$(K) + VN$(K) + ST$(K) + OT$(K): PRINT AN$(K)
130 NEXT K
140 PRINT
150 INPUT "Welcher Name wird gesucht "; SU$
160 FOR M = LEN(SU$) TO 10: LET SU$ = SU$ + " ": NEXT M
170 PRINT
180 FOR N = 1 TO G
190 IF SU$ = NA$(N) THEN PRINT AN$(N)
200 NEXT N
210 PRINT
220 INPUT "Wird noch ein Name gesucht (j/n)"; X$
230 IF X$ = "j" THEN 140
240 END
250 DATA Schwarz, Martin, Hochstraße 299, 6000 Frankfurt 1
260 DATA Weiß, Martina, Hoher Weg 182, 5000 Köln 1
270 DATA Schwarz, Jürgen, Goethestraße 49, 7000 Stuttgart 2
```

b) Erweitere das Programm in Aufgabe 6. a) so, daß ein Name oder eine Straße oder ein Ort gesucht sein kann.

Hinweis: Wenn der Name auf die Länge 10 gebracht worden ist, Straße und Ort aber auf die Länge 20, so muß verzweigt werden. Falls ein Name gesucht ist, dann ist das Suchwort ebenfalls auf die Länge 10 zu bringen. Wenn aber eine Straße oder ein Ort gesucht ist, dann muß das Suchwort auf die Länge 20 gebracht werden.

c) Erweitere das Programm in Aufgabe 6. b) so, daß nach einer Postleitzahl gesucht werden kann.

Hinweis: Die Postleitzahl bildet die ersten 4 Stellen der Ortsbezeichnung.

d) Ergänze das Programm in Aufgabe 6. c) so, daß man nur die erste Ziffer der Postleitzahl suchen lassen kann, daß also z. B. alle Anschriften angezeigt werden, deren Postleitzahl mit 7 beginnt.

7. Im folgenden Programm sind die DATA-Zeilen anders aufgebaut: Die Postleitzahl wird getrennt von der Ortsbezeichnung eingegeben. Das soll nur eine andere Möglichkeit demonstrieren.

Ziel des Programms ist es, die Anschriften nach einem bestimmten Merkmal zu sortieren, nach dem Namen, der Postleitzahl oder dem Ortsnamen.

```
10 CLS: DIM NA$(30), VN$(30), ST$(30), PL$(30), OT$(30)
20 INPUT "Wieviel Anschriften sind eingegeben "; G
30 PRINT
40 FOR K = 1 TO G
50 READ NA$(K), VN$(K), ST$(K), PL$(K), OT$(K)
60 FOR M = LEN(NA$(K)) TO 10: LET NA$(K) = NA$(K) + " ": NEXT M
70 FOR M = LEN(VN$(K)) TO 10: LET VN$(K) = VN$(K) + " ": NEXT M
80 FOR M = LEN(ST$(K)) TO 20: LET ST$(K) = ST$(K) + " ": NEXT M
90 FOR M = LEN(PL$(K)) TO 6:  LET PL$(K) = PL$(K) + " ": NEXT M
100 FOR M = LEN(OT$(K)) TO 20: LET OT$(K) = OT$(K) + " ": NEXT M
110 LET AN$(K) = NA$(K) + VN$(K) + ST$(K) + PL$(K) + OT$(K)
120 NEXT K
130 FOR K = 1 TO G: PRINT AN$(K): NEXT K
150 PRINT
160 PRINT "Nach welchem Merkmal soll geordnet werden?"
170 INPUT "Name = 1, Postleitzahl = 2, Ortsname = 3, Ende = 4"; X
180 PRINT
190 ON X GOTO 200, 300, 400, 900
200 REM    Sortieren nach Namen
210 FOR K = 1 TO G: LET A$(K) = LEFT$(AN$(K), 20): NEXT K
220 GOSUB 1000: GOTO 160
300 REM    Sortieren nach der Postleitzahl
310 FOR K = 1 TO G: LET A$(K) = MID$(AN$(K),42,6): NEXT K
320 GOSUB 1000: GOTO 160
400 REM    Sortieren nach dem Ort (ohne Postleitzahl)
410 FOR K = 1 TO G: LET A$(K) = RIGHT$(AN$(K),21): NEXT K
420 GOSUB 1000: GOTO 160
800 DATA Schwarz, Martin, Hochstraße 299, 6000, Frankfurt 1
810 DATA Weiß, Martina, Hoher Weg 182, 1000, Berlin 37
820 DATA Schwarz, Jürgen, Goethestraße 49, 2000, Hamburg 2
900 END
```

```
1000 REM    Unterprogramm zum Sortieren
1010 LET  F = 0
1020 FOR K = 1 TO G−1
1030 IF A$(K) <= A$(K+1) THEN 1100
1040 LET H$ = A$(K): LET A$(K) = A$(K+1): LET A$(K+1) = H$
1050 LET H$ = AN$(K): LET AN$(K) = AN$(K+1): LET AN$(K+1) = H$
1090 LET F = 1
1100 NEXT K
1110 IF F = 1 THEN 1010
1120 FOR K = 1 TO G
1130 PRINT AN$(K)
1140 NEXT K
1150 PRINT
1160 RETURN
```

Hinweise:
In Zeile 190 wird je nach der Eingabe in Zeile 170 mehrfach verzweigt: bei Eingabe von 1 nach Zeile 200, bei Eingabe von 2 nach Zeile 300, usw.
Mit ON X GOTO ... wird in Abhängigkeit von X an verschiedene Stellen des Programms verzweigt. Der ON-GOTO-Befehl ersetzt mehrere IF-THEN-Anweisungen. Wenn ein Computer den ON-GOTO-Befehl nicht hat, hilft man sich so:

```
190 IF X = 2 THEN 300
192 IF X = 3 THEN 400
194 IF X = 4 THEN 900
```

Warum muß man nicht nach X = 1 fragen?
Da der Sortiervorgang dreimal der gleiche ist, bietet es sich an, das Sortieren in einem **Unterprogramm** vorzunehmen (ab Zeile 1000). Vorher ist es jeweils notwendig, für den Namen oder die Postleitzahl oder den Ortsnamen dieselbe Variable zu setzen (Zeile 210, 310, 410).
Beachte in den Zeilen 1040 und 1050, daß nicht nur das betrachtete Merkmal vertauscht werden muß, sondern die ganze Anschrift. Lasse Zeile 1050 weg und teste das Programm. Welcher Fehler entsteht?
Gib das Programm ein, versieh es mit dir bekannten Anschriften und teste es.

8. a) Versuche, auch Zahlen auf eine bestimmte Länge zu bringen. Beispielsweise soll 123 so auf 5 Stellen Länge gebracht werden, daß vor der 123 zwei Leerstellen stehen.
Es gibt Schwierigkeiten, weil 123 kein String (Zeichenkette) ist. Deute die Anzeige deines Computers, wenn du PRINT LEN(„123") und PRINT LEN(123) eingibst.
b) Gib folgendes Programm ein und lasse es laufen.

```
10 LET A = 123
20 LET B$ = "123"
30 PRINT LEN(B$)
40 PRINT LEN(A)
50 END
```

Was bedeutet die Fehleranzeige deines Computers?

c) Gib folgendes Programm ein und teste es.

```
10 LET A = 123
20 LET A$ = STR$(A)
30 FOR K = LEN(A$) TO 5
40 LET A$ = " " + A$
50 NEXT K
60 PRINT A$, LEN(A$), MID$(A$,4,1)
70 END
```

Mit STR$(A) wird eine numerische Variable zu einer Stringvariablen. Aus einer Zahl wird eine Zeichenkette.

d) Ergänze das Programm in c) wie folgt:

```
52 LET X = VAL(A$)
54 PRINT X
```

Mit VAL(A$) erhält man den Wert der Zeichenkette. Aus einem String wird eine Zahl, sofern A$ nur Ziffern und evtl. den Dezimalpunkt enthält. Anderenfalls hat VAL(A$) den Wert 0.

Prüfe, was dein Rechner anzeigt:

```
PRINT VAL("123")
PRINT VAL(123)
PRINT VAL("AUTO")
```

9. a) Lasse die Primzahlen bis 200 berechnen (siehe Kap. 11, Aufg. 7).
   b) Damit die Zahlen ordentlich untereinander stehen, kannst du folgenden Programmteil an geeigneter Stelle einschieben.

```
... LET N$ = STR$(N)
... LET N$ = "     " + N$
... LET N$ = RIGHT$(N$,5)
... PRINT N$;
... LET N = VAL(N$)
```

c) Ändere den Programmteil in b) so ab, daß jede Primzahl auf eine Länge von 5 Stellen gebracht wird (vgl. Aufgabe 4. a).

10. Schreibe ein Programm, mit dem man zu einer eingegebenen Zahl die Spiegelzahl erhält.

Verzeichnis der BASIC-Befehle und Programmerläuterungen

(10-T2 bedeutet Kap. 10, Text 2; 16-A6 bedeutet Kap. 16, Aufg. 6)

ABS(X) 10-T2
AND 8-T1
ASC( ) 16-A6
ASCII-Code 16-A6
Absolutwert 10-T2
Algorithmus 11-T1
Anführungszeichen 3-T2, 7-T2
Apostroph 11-A16

BREAK 10-T4, 5-T1
Bedingter Sprung 6-T1

CHR$(N) 16-A6
CLS 11-A8

DATA 14-T2, 18-A6
DEL 5-T2
DIM 14-A6, 18-A6
Dialog 3-T2
Dollarzeichen 7-T2
Doppelpunkt 7-T1, 10-T1, 12-A3
Dreieckstausch 16-T3

END 2-T2
Einfügen 5-T2

FIX(X) 10-T1
FOR-NEXT-Schleife 9-T1
Feld 12-A3
Flagge 11-A9, 16-T3
Flußdiagramm 5-T1, 9-T1, 10-T1, 11-T1

GOSUB 15-T2, 18-A7
GOTO 6-T3
Ganzzahliger Anteil 10-T1

IF THEN 6-T1, 6-T3, 6-A14, 8-T1
IF THEN ELSE 6-T4
INPUT 2-T1
INPUT Komma 6-A11, 11-A11, 3-T4

INS 5-T2
INT(X) 10-T1

Kaltstart 18-A5

LEFT$(A$, N) 18-T2
LEN(A$) 18-T1
LET 2-T2, 2-A1
Laufvariable 12-A3, 13-T3
Löschen 2-T3, 5-T2

MID$(A$, K, L) 18-T1

NEW 2-T9

ON GOTO 18-A7
OR 8-T1

PRINT 1-T3, 2-T2
PRINT „A" 3-T4
PRINT Doppelpunkt 3-T3
PRINT Komma 3-T3
PRINT Semikolon 2-A1, 3-T3
PRINT USING 10-T4
Probelauf 11-T1
Programm 2-T1, 11-T1

Quadratwurzel 10-T3

RANDOMIZE 12-T2
READ 14-T2, 18-A6
REM 11-A16
RENUM 2-T7
RESTORE 14-T3
RETURN 15-T
RETURN-Taste 1-T3, 2-T2
RIGHT$(A$, N) 18-T2
RND 12-T1
RUN 2-T4
RUN XYZ 18-A5

SHIFT CLEAR HOME 1-T3, 2-T2
SQR(X) 10-T3
STEP 9-T2
STOP 5-T1
STR$(A) 18-A8
SWAP X, Y 16-T3
Schleife 5-T1, 6-T1
Schrittweite 9-T2
Sortierprogramm 16-T1
Sprung 5-T1
String 7-T2
Stringvariable 7-T2, 7-A1
Suchroutine 18-A6

TAB(X) 13-T1, 13-T1
TAB-Taste 3-T3

Unterprogramm 15-T2, 18-A7

VAL(A$) 18-A8
Variable 2-T2, 2-A1, 7-T2
Verzweigung 6-T2

Wörtlicher Text 3-T2

Zeichenkette 7-T2, 7-A1, 18-T3, 18-A4
Zeilennummer 2-T2
Zählvariable 9-T1

Verzeichnis ausgewählter Themen

Addition 1-T4
Additionsverfahren 6-A22
Alphabetisches Ordnen 16-A6
Ampelschaltung 12-A9
Anschriften 18-A7
Anschriftenliste 18-A6

Benzinpreis 2-A7, 3-A9, 7-A3
Blockdiagramm 17-A13
Bremsweg 9-A16
Briefkopf 7-A8
Bruch 3-A10
Bruchrechnung 11-A16
Bundesschatzbriefe 14-T2, 14-A1

Datei 18-A6
Division 1-T4, 10-T1, 11-A4
Division mit Rest 10-T1

Einmaleins 5-A3, 9-A26
Endkapital 14-A1

Fakultät 6-A19, 15-A3
Fallweg 9-T1
Fernmeldegebühren 6-A16

Geheimschrift 18-T1
Gemischte Zahl 3-A10, 11-A18
Gerade 6-A20
Gerade Zahlen 10-A10
Geschwindigkeit 9-A14
GgT 11-A5, 11-A6, 11-A10
Gleiche Geburtstage 12-A12
Gleichungssysteme 6-A22

Hypothek 10-A16
Häufigkeit 12-T4, 12-A3

Kehrwert 6-A10
KgV 11-A10
Klammern 1-T4
Kniffel 12-A8
Konsonant 8-T2

Kuben 6-T3

Linsengesetze 15-A4

Maximum 6-A11
Mehrwertsteuer 3-T2
Minimum 6-A12
Mitgliederkartei 15-A5
Mittelwert 2-A8, 3-A4, 6-A24, 15-T2, 17-T1, 17-A7
Mittlere Abweichung 17-A4
Multiplikation 1-T3, 1-T4
Muster 6-A28, 9-A17, 13-A1
Münzen 9-A31
Münzwurf 12-T3, 12-A11

NIM-Spiel 12-A13
Nachkommastellen 10-A3

Ohmsches Gesetz 7-A5

Parabel 6-A21
Porto 8-A2
Potenz 4-T1, 5-A4, 6-A6, 9-A25
Potenzieren 1-T4
Primfaktor 11-A8, 11-A9
Primzahl 11-A7, 18-A9
Prisma 2-A6
Prozent 2-A10, 3-T1, 3-T2, 6-A25, 10-T4
Pythagoras 10-A4
Pythagoräische Zahlen 10-A9

Quader 2-A4, 3-A7, 10-A2
Quadratische Gleichung 10-A12, 10-A13
Quadratzahl 5-A5, 6-A5, 9-A6
Quadratwurzel 10-T3
Quersumme 11-A11

Rechteck 2-T1, 9-A13
Relative Häufigkeit 12-T4, 17-A12
Runden 10-T4